prépabrevet 3ᵉ

examen

Histoire
Géographie

Françoise Aoustin
Professeur certifiée d'Histoire-Géographie

Jean Brignon
Agrégé de l'Université

Notez bien !

■ Ce *Prépabrevet* est associé à des compléments numériques : pour tous les chapitres signalés par le pictogramme 🎧 ont été élaborés des **podcasts audio** pour vous aider dans la phase finale de vos révisions.

■ Pour y accéder, connectez-vous au site **www.prepabrevet.com**.
Inscrivez-vous en sélectionnant le titre de cet ouvrage.
Il vous suffit ensuite d'indiquer un mot de l'ouvrage (par exemple, le 2e mot de la 2e ligne de la page 22) pour afficher le sommaire des podcasts.
Vous pouvez télécharger chacun d'eux sur votre lecteur mp3.

Maquette de principe Frédéric Jély
Mise en page : Atelier Michel Ganne / Nadine Aymard
Schémas et cartes : Idé
Édition : Gwenaëlle Ohannessian

Hatier Paris, mai 2008   978-2-218-93198-7

Toute représentation, traduction, adaptation ou reproduction, même partielle, par tous procédés, en tous pays, faite sans autorisation préalable est illicite et exposerait le contrevenant à des poursuites judiciaires. Réf. : loi du 11 mars 1957, alinéas 2 et 3 de l'article 41.
Une représentation ou reproduction sans autorisation de l'éditeur ou du Centre Français d'Exploitation du droit de Copie (20, rue des Grands-Augustins, 75006 Paris) constituerait une contrefaçon sanctionnée par les articles 425 et suivants du Code Pénal.

SOMMAIRE

L'épreuve 6
La Méthode 7

HISTOIRE-GÉOGRAPHIE

1914-1945 : GUERRES, DÉMOCRATIE, TOTALITARISME

1 La Première Guerre mondiale et ses conséquences 10

2 L'URSS de Staline 17

3 La France des années de crise (1931-1936) 26

4 Le Front populaire en France 35

5 L'Allemagne nazie 43

6 Vers la Seconde Guerre mondiale 51

7 La Seconde Guerre mondiale 59

8 La France dans la Seconde Guerre mondiale 67

9 Le monde en 1945 76

ÉLABORATION ET ORGANISATION DU MONDE D'AUJOURD'HUI

10 L'inégale répartition des richesses dans le monde 84

11 L'évolution démographique, la croissance économique 93

12	Un monde urbanisé	103
13	Accélération et mondialisation des échanges	113
14	De la guerre froide à la dislocation des blocs	122
15	L'émancipation des peuples dépendants	134
16	Le monde actuel : diversité et instabilité	143

LES PUISSANCES ÉCONOMIQUES MAJEURES

17	Les États-Unis, le pays, les hommes	154
18	Les États-Unis, puissance économique mondiale	164
19	Le Japon, deuxième puissance mondiale	174
20	L'Union européenne : un pôle économique puissant	183

LA FRANCE

21	La IVe République	194
22	La Ve République	203
23	L'économie française : de profondes mutations	213
24	La France : puissance européenne et mondiale	222

SOMMAIRE

ÉDUCATION CIVIQUE

25 Être citoyen 232

26 Vivre en république et en démocratie 238

27 L'organisation des pouvoirs de la République 244

28 Les acteurs de la démocratie 251

29 Médias et démocratie 257

30 Défense nationale, paix mondiale 263

REPÈRES CHRONOLOGIQUES ET SPATIAUX

- **Sujet 1.** Exercices de repérage 272
- **Sujet 2.** Exercices de repérage 274
- **Sujet 3.** Exercices de repérage 275
- **Sujet 4.** Exercices de repérage 277
- **Corrigés.** Sujets 1 à 4 278

Index des définitions 283

L'ÉPREUVE

L'épreuve dure 2 heures.

■ Domaines à évaluer
- Maîtrise des connaissances fondamentales en histoire, géographie et éducation civique.
- Aptitude à lire et à mettre en relation des documents.
- Aptitude à rédiger et à argumenter.
- Maîtrise de la langue (orthographe et expression écrite).

■ La structure de l'épreuve

L'épreuve d'histoire-géographie-éducation civique du diplôme national du brevet comporte trois parties.

Première partie
Les élèves ont le choix entre deux sujets. Chacun des sujets se situe dans l'une des grandes parties du programme d'**histoire et géographie**. Il est accompagné de deux ou trois documents complémentaires et, si possible, de nature différente. Des indications nécessaires à la compréhension du sujet sont éventuellement fournies.
Les candidats sont d'abord invités par deux ou trois questions à relever des informations dans les documents et à mettre celles-ci en relation.
Ils sont ensuite invités à rédiger un paragraphe argumenté d'une vingtaine de lignes répondant au sujet choisi.

Deuxième partie
Le sujet se situe dans l'une des grandes parties du programme d'**éducation civique**. Il est accompagné de deux ou trois documents complémentaires dont un court extrait de l'un des documents de référence du programme.
Les candidats sont invités par des questions à relever des informations dans les documents et à mettre celles-ci en relation dans un paragraphe argumenté d'une quinzaine de lignes.

Troisième partie
Repères chronologiques et spatiaux. Les candidats répondent à trois questions qui permettent de vérifier la mémorisation des repères inscrits au programme d'histoire et géographie.

■ Barème et notation
- Première partie : sur 18 points dont 10 pour le paragraphe argumenté.
- Deuxième partie : sur 12 points dont 8 pour le paragraphe argumenté.
- Troisième partie : sur 6 points.
- Maîtrise de la langue (orthographe et expression écrite) : 4 points.

LA MÉTHODE

■ Vous disposez de 2 heures, il est important de bien les utiliser. Ne vous pressez pas à tout prix. Il est inutile d'avoir terminé avant l'heure. Utilisez au contraire tout votre temps pour bien lire les documents, les questions et les sujets qui vous sont proposés, pour travailler au brouillon et relire votre copie plusieurs fois.

■ N'oubliez pas que quatre points sont attribués à l'orthographe et à la présentation, quatre points tellement faciles à obtenir avec un peu d'attention et d'entraînement.

■ Première partie : épreuve d'histoire-géographie
(environ 50 minutes)

■ Lisez attentivement le **thème du sujet**. Repérez les mots-clés, les repères géographiques ou chronologiques s'il y en a. Une bonne compréhension du thème proposé vous aidera dans l'analyse des documents.

■ Lisez ou observez avec soin chacun des **documents** : textes, graphiques, cartes, photographies... Les deux ou trois documents peuvent être de nature variée.

■ Pour chacun des documents, n'oubliez pas de lire son titre, sa source (son auteur), sa date. Réfléchissez à la nature du document.

- Pour un texte, s'agit-il du témoignage d'un contemporain des faits, d'un récit d'historien, d'un discours ?
- Pour une image, est-ce une photographie, une affiche de propagande, une publicité ?
- Pour une courbe, un tableau de statistiques, repérez les unités utilisées, les dates. Ce travail de réflexion doit vous aider à bien répondre aux questions posées.

■ Lisez attentivement les **questions** posées et répondez avec précision en montrant que vous avez su lire et analyser le document et en tirer les informations essentielles.

■ Le **paragraphe argumenté :** on vous demande de rédiger un texte d'une vingtaine de lignes répondant au libellé du sujet. Si un plan vous est donné, suivez-le. Si on ne vous en donne pas, organisez vos connaissances. Même un texte court (20 lignes) doit montrer que vous êtes capable de rédiger de façon claire, dans un français correct et compréhensible. Vous devez garder au minimum 20 minutes pour la rédaction de ce paragraphe argumenté.

■ Deuxième partie : épreuve d'éducation civique
(environ 40 minutes)

■ Procédez comme pour l'épreuve d'histoire-géographie. Lisez attentivement le thème du sujet, les documents et les questions posées.

■ Vous devez aussi rédiger un texte d'une quinzaine de lignes. Pour cela, il faut établir des liens entre les documents se rapportant à un fait d'actualité, et le ou les **documents** dits **de « référence »** (Charte, Constitution, loi…), puis utiliser les idées que vous avez dégagées de l'ensemble des documents pour argumenter votre réponse. Gardez au minimum 15 minutes pour la rédaction de ce paragraphe argumenté.

■ Troisième partie : repérage dans le temps ou dans l'espace (environ 20 minutes)

Repérage dans le temps (histoire)

■ Attention ! Les repérages ne portent pas seulement sur le programme de 3e (1914-1999), mais sur les programmes de 6e, 5e et 4e.

■ Si on vous demande de construire un axe chronologique, soyez précis dans vos subdivisions (1 cm pour 10 ans s'il s'agit de tout le XXe siècle). Portez ensuite les dates ou les périodes demandées. Pour une période, bien indiquer le début et la fin.

■ On peut vous demander de **mettre en relation** :
– des dates et des événements, ou inversement ;
– des photographies ou des « Unes » de journaux et des événements ;
– des personnages et un texte ;
– des événements et des lieux.

Repérage dans l'espace (géographie)

■ Attention au programme !

■ Observez le fond de carte qui vous est fourni. Si les localisations sont déjà indiquées, écrivez les noms de ce qui vous est demandé (ville, région, État, fleuve, montagne, mer, océan…).

■ Si on vous demande de localiser des flux, faites attention au sens de la flèche.

■ Le repérage peut aussi consister soit à compléter une légende de carte, soit à reporter sur la carte la légende. Dans tous les cas, il est bon d'avoir des crayons de couleur.

Si vous avez suivi nos conseils, il vous reste environ 10 minutes pour relire l'ensemble de votre copie, vérifier l'orthographe, souligner les titres…

Histoire-Géographie

1914-1945 : guerres, démocratie, totalitarisme

1 La Première Guerre mondiale et ses conséquences

www.prepabrevet.com

1 Les origines de la Première Guerre mondiale

■ **Des rivalités internationales entraînent des crises.** Elles ont leurs origines dans les compétitions impérialistes en vue de rechercher des débouchés pour les marchandises et les capitaux : l'Allemagne et la France se sont opposées à propos du Maroc.

■ Il existe surtout dans beaucoup de pays européens un **fort sentiment nationaliste** doublé de revendications territoriales. L'Autriche-Hongrie doit faire face aux revendications des Polonais, des Tchèques, des Slaves du Sud. La Serbie est accusée d'être l'instigatrice principale du mouvement slave. La France veut reprendre l'Alsace et la Lorraine occupés par l'Allemagne.

■ Les tensions entraînent dans tous les États européens une **« course aux armements »**. En France, en 1913, le service militaire est porté à trois ans. Les alliances entre les nations traduisent ces tensions et ces craintes. Deux blocs de pays, ou systèmes d'alliance, se mettent en place avant 1914. L'un regroupe la France, le Royaume-Uni, la Russie et la Serbie, l'autre l'Allemagne, l'Autriche-Hongrie et l'Italie.

■ **Un incident suffit à déclencher la guerre.** Le 28 juin 1914, l'héritier de l'empire d'Autriche-Hongrie, l'archiduc François-Ferdinand, est assassiné à Sarajevo, en Bosnie, région annexée par l'Autriche-Hongrie en 1908. Celle-ci déclare la guerre à la Serbie qu'elle accuse d'avoir organisé l'attentat. Le mécanisme des alliances déclenche une guerre européenne.

COURS 1
La Première Guerre mondiale et ses conséquences

2. Les grandes phases de la guerre : 1914-1918

■ **La guerre connaît deux grandes périodes.**

• **La guerre de mouvement** (août-novembre 1914) : après la Belgique, la France est à son tour envahie par l'armée allemande. Cette invasion est suivie de la contre-offensive de l'armée française de Joffre, et de la victoire de la Marne (6/13 septembre 1914).

• **La guerre de tranchées** : chaque armée se fixe sur ses positions dans des conditions de vie très dures ; les pertes humaines sont considérables (Verdun, 1916 : 1 million de morts).

■ **L'année 1917 marque un tournant.** La Russie se retire et signe un traité avec l'Allemagne ; les États-Unis entrent en guerre contre l'Allemagne. La guerre de mouvement reprend en 1918. Les offensives allemandes sont repoussées. Foch, commandant des troupes alliées, contre-attaque victorieusement. L'Allemagne signe l'armistice le 11 novembre 1918.

■ Pendant la guerre, **toute l'économie est mise au service de la victoire** et le rôle de l'État est renforcé. Les difficultés de ravitaillement rendent la vie quotidienne très difficile. Dans la société, les femmes, en l'absence des hommes, prennent une place plus importante.

3. Les conséquences de la guerre

■ **L'Europe sort affaiblie de la guerre.** Les pertes humaines sont considérables. Des régions entières sont dévastées. L'Europe est très endettée, particulièrement à l'égard des États-Unis. L'Europe recule dans le monde.

■ **La conférence de la paix** où siègent les quatre grands pays vainqueurs (États-Unis, France, Grande-Bretagne, Italie) **redessine la carte de l'Europe**. Les empires d'Allemagne et d'Autriche-Hongrie disparaissent. Des États nouveaux naissent en Europe centrale : Pologne, Tchécoslovaquie, Yougoslavie, États baltes.

■ Mais le principe de Wilson, Président des États-Unis, du « droit des peuples à disposer d'eux-mêmes », n'a pu être totalement respecté. Des populations de langue allemande sont intégrées à l'Autriche et à la Tchécoslovaquie. Le traité de Versailles (28 juin 1919) impose à l'Allemagne de lourdes conditions financières et territoriales. **La nouvelle Europe apparaît comme une source de difficultés pour l'avenir.** Des nationalismes sont frustrés, et le traité de Versailles est, aux yeux des Allemands, un «diktat», une décision imposée et non négociée. La Société des Nations (SDN), créée en 1919, ne peut s'imposer. Elle ne dispose pas d'armée et les États-Unis refusent d'y participer.

DÉFINITIONS

■ **Armistice :** accord par lequel des belligérants, des États ou des personnes participant à une guerre, suspendent les hostilités sans mettre fin à l'état de guerre.

■ **Colonialisme :** politique d'un État exploitant les ressources économiques et les populations d'un pays placé sous son autorité.

■ **Colonie :** territoire administré directement par une puissance étrangère dite alors coloniale.

■ **Impérialisme :** système où un État en domine un autre. L'impérialisme peut être économique, militaire, politique, idéologique.

■ **Nationalisme :** attitude qui consiste à exalter les traditions, les intérêts, les aspirations de la nation à laquelle on appartient.

EXERCICES & SUJETS

QUESTIONS DE COURS ▸ corrigé p. 15

1 Qu'appelle-t-on le « nationalisme » ?

2 Quel territoire, occupé par l'Allemagne, la France revendique-t-elle avant 1914 ?

3 Quelle est la situation particulière de l'Autriche-Hongrie ?

4 Pourquoi l'année 1917 a-t-elle une importance particulière dans le déroulement de la guerre ?

5 Comment l'affaiblissement de l'Europe se manifeste-t-il au lendemain de la guerre ?

6 Pourquoi la paix apparaît-elle fragile en 1919 ?

BREVET — Épreuve d'histoire ▸ corrigé p. 15

Les Français dans la guerre, au front et à l'arrière

DOCUMENT 1   Le départ, « la fleur au fusil »

« Toul, 27 juillet 1914

Mes chers parents,

Je ne suis pas encore parti pour Berlin quoique ça chauffe rudement en ce moment… Avec plusieurs copains, nous avons rendez-vous à la fin de la campagne au Café de Paris, dans la Wilhelmstrasse, pour y fêter nos futures victoires. J'ai fait l'inspection de mes chaussettes et flanelles, j'ai mis mon dictionnaire allemand dans mon sac. Au moment de partir, je me ferai raser de façon à être beau pour faire du boniment aux Gretchen. »

Marcel Bouquet, cité dans G. Bouter, Le Temps des guerres, Denoël.

DOCUMENT 2   Première nuit dans les tranchées

« Je vis arriver venant des lignes trois habitants des tranchées. Je les regardai avec effroi ; ils étaient couverts de boue de la pointe de leurs souliers à la calotte de leur képi, comme s'ils venaient de traverser un lac de vase. Leurs mains, leur visage, moustache, cils, cheveux étaient également couverts de boue visqueuse… Ils étaient partis cinq jours avant moi, et déjà ils étaient méconnaissables ! […] Chaque nuit il fallait attaquer, patrouiller, ou travailler ; les mitrailleuses faisaient rage, il fallait se coucher des heures entières dans la boue, pluie quotidiennes, pas d'abris, mal ravitaillés, tel était leur triste sort, tel allait être le mien. »

Carnets de guerre de Louis Barthas, tonnelier :1914-1918, La Découverte, 1997.

DOCUMENT 3 — La guerre et le rôle des femmes

« Les hommes ont repris leur place à la maison et dans les champs… Ceux dont la femme a eu la charge de tout pendant quatre ans ont plus de mal à reprendre le train d'avant. La femme a pris de telles habitudes, a tellement peiné nuit et jour, qu'elle abandonne difficilement ses prérogatives. Quelques héros couverts de médailles n'arriveront jamais plus à commander. Alors, les anciens combattants jouiront de leur gloire en public et entre eux. »

P. J. Hélias, *Le Cheval d'orgueil*, Pocket, 1995.

▶ QUESTIONS

Document 1
1. Dans quelle ambiance le départ à la guerre se fait-il ? Où l'auteur de la lettre dit-il avoir donné rendez-vous à ses camarades ?

Document 2
2. Quelle impression retire-t-on de la description de la vie dans les tranchées ?

Document 3
3. Quels changements sociaux l'auteur veut-il montrer ?

▶ PARAGRAPHE ARGUMENTÉ

4. Rédigez une vingtaine de lignes dans lesquelles vous présenterez successivement l'atmosphère de la France au moment de la déclaration de la guerre, la vie des soldats au front, la vie à l'arrière et les transformations de la société provoquées par la guerre.

CORRIGÉS

La Première Guerre mondiale…

QUESTIONS DE COURS

1 **Le nationalisme** consiste dans un pays à mettre en avant ses traditions, ses intérêts afin de faire reconnaître son originalité, afin d'aspirer à l'indépendance si l'on se trouve alors soumis à une autre puissance

2 La France revendique **l'Alsace et la Lorraine**.

3 **L'Autriche-Hongrie** était composée de plusieurs nations qui connaissent au début du XXe siècle un fort sentiment nationaliste réclamant l'indépendance ou plus d'autonomie : c'était le cas de la Pologne.

4 **L'année 1917** a été particulièrement importante dans le déroulement de la guerre avec l'échec de nombreuses offensives des Alliés, le début de la révolution russe (novembre) et le retrait de la Russie de la guerre et l'entrée en guerre des États-Unis (février).

5 **L'Europe sort très affaiblie** de la guerre avec près de 9 millions de morts, de nombreux dégâts matériels, une crise financière. Sa puissance décline au profit des États-Unis.

6 **La paix reste fragile** car « le droit des peuples à disposer d'eux-mêmes » n'a pu être parfaitement respecté et l'Allemagne est soumise à de lourdes conditions financières et territoriales.

BREVET — Épreuve d'histoire

QUESTION 1

Le départ de la guerre semble se faire dans une excellente ambiance. Surtout le soldat auteur d'une lettre à ses parents pense être très bientôt en Allemagne : il a emporté avec lui son dictionnaire allemand, il a donné rendez-vous à ses amis à Berlin et se fait beau pour rencontrer les jeunes filles allemandes.

QUESTION 2

Le texte sur les tranchées montre surtout les conditions affreuses des combats, la boue partout présente, le bruit permanent des mitrailleuses.

QUESTION 3

L'auteur du texte veut surtout montrer le rôle important pris par les femmes pendant la guerre et la difficulté pour les hommes, au retour, de reprendre totalement leur place.

PARAGRAPHE ARGUMENTÉ 4

Les Français dans la guerre, au front et à l'arrière

Le départ à la guerre en 1914 s'était opéré dans une certaine atmosphère de liesse ; surtout, on pensait que la guerre serait de courte durée et que l'Allemagne serait très vite envahie et vaincue.
Au lieu de cela, la guerre s'est révélée être très dure et très longue ; la vie dans les tranchées a été très pénible, les offensives successives se sont révélées souvent de véritables « boucheries » entraînant chez les combattants certains mouvements de révolte.
La violence atteint également les populations civiles, les bombardements touchant les grandes villes de l'arrière.
La vie des familles est souvent profondément bouleversée avec l'absence des hommes, des maris et des pères ; les femmes doivent prendre la relève dans l'agriculture, les usines.
Au sortir de la guerre, il faudra tout reconstruire, non seulement les villes mais aussi les liens familiaux. La guerre laisse derrière elle une profonde crise matérielle mais aussi morale.
L'Europe d'autre part, qui prétendait apporter la civilisation aux peuples colonisés, a montré un visage de violence et de barbarie.

2 L'URSS de Staline

1 De la Russie à l'Union soviétique

■ **En février 1917, des troubles éclatent à Petrograd (Saint-Pétersbourg). Le tsar Nicolas II abdique.** Les défaites militaires, au début de la Première Guerre mondiale, ont aggravé la situation économique et sociale déjà très fragile. Un **gouvernement provisoire** composé de libéraux et de quelques socialistes modérés, dirigés par Kerenski, doit affronter une double **opposition** : celle des anciens tsaristes, mais surtout celle des révolutionnaires, constitués en **soviets** et animés par la minorité des bolcheviks.

■ **En octobre 1917, les bolcheviks dirigés par Lénine prennent le pouvoir.** Les décrets d'Octobre décident de la paix, du partage des terres, du contrôle ouvrier sur les usines, de l'égalité pour tous les peuples non russes. Mais le pouvoir bolchevik doit faire face à la guerre civile, à de terribles épidémies, à la famine. La gravité des périls conduit à instituer un régime de terreur économique et politique : le **communisme de guerre**.

■ En 1921, la Révolution est sauvée mais le pays est épuisé. La guerre civile a entraîné famines et épidémies. **Lénine met en place une Nouvelle politique économique (NEP).** Il rétablit un secteur d'économie privée et la liberté de commerce et des prix. En 1922, la Russie devient un État fédéral, l'URSS : l'Union des républiques socialistes soviétiques. **Lénine meurt le 21 janvier 1924. Après avoir éliminé son adversaire**, Trotski (1927), **Staline**, Secrétaire général du parti communiste **est le seul maître du pays**.

2 Un régime totalitaire

■ La Constitution de 1936 est apparemment démocratique. En réalité, **le parti communiste**, **parti unique**, est le seul maître de toutes les organisations politiques et sociales. **Staline impose une dictature sanglante.** Il ne tolère aucune opposition et élimine tous ses adversaires lors de procès arrangés. Aucune des libertés fondamentales individuelles n'est respectée. La police politique traque tous les opposants. Des milliers de personnes sont exécutées et des millions sont déportées dans les **camps du Goulag**, où elles meurent en grand nombre, victimes des travaux forcés.

■ **La dictature stalinienne s'appuie sur la propagande et le culte de la personnalité.** Staline est le «guide» chanté par les poètes; sa statue est élevée dans toutes les villes. L'école endoctrine les enfants, vante la gloire du premier pays socialiste du monde et de son chef. L'art, la science, la littérature sont au service de Staline

3 Une économie collectiviste et planifiée

■ **La collectivisation des terres** est décidée en 1929 pour accroître la production et financer l'industrie lourde. Les terres sont réparties entre kolkhozes et sovkhozes. Mais la collectivisation se heurte à la résistance des paysans et apparaît comme un échec. Les «koulaks», paysans aisés, sont déportés ou exécutés. La famine réapparaît.

■ **L'économie est planifiée**. À partir de 1928, des plans établis sur cinq ans (plan quinquennal) indiquent les priorités à respecter: l'industrie lourde, les communications, l'armement. L'ardeur des ouvriers est stimulée par le stakhanovisme. L'industrie lourde fait de grands progrès au détriment des industries de consommation.

COURS 2 — L'URSS de Staline

4. Une société très encadrée

■ **Le niveau de vie des ouvriers** s'améliore malgré de dures conditions de travail dans les usines. **Les paysans** (67 % de la population) subissent le poids des obligations collectives au sein des kolkhozes et des sovkhozes. Leur situation reste très difficile. **Une «intelligentsia»** composée de cadres de l'État et du Parti constitue l'élite, mieux payée, mieux logée et dévouée à Staline.

■ **La pensée intellectuelle, les œuvres d'art**, doivent refléter la pensée du Parti et être au service du socialisme. Les croyances religieuses, survivances du passé, doivent disparaître, remplacées par la foi dans le marxisme.

DÉFINITIONS

1. Quelques termes permettant de comprendre la Révolution

■ **Autocratie :** forme de gouvernement où le souverain exerce une autorité sans limite. Le tsar Nicolas II (1894-1917) était un souverain autocrate malgré l'existence d'une assemblée élue, mais sans pouvoirs, la Douma.

■ **Mencheviks, bolcheviks :** le premier terme désigne les «minoritaires», le second les «majoritaires»; deux groupes issus en 1903 du parti social démocrate. Les bolcheviks, partisans d'une révolution immédiate, sont dirigés par Lénine; ils sont les artisans de la révolution d'Octobre.

■ **Soviet :** mot russe signifiant «comité». C'est un conseil de délégués, chargés de gouverner et d'administrer. La révolution de 1917 entraîna la naissance du régime soviétique.

■ **Tsar :** le mot désigne les empereurs de Russie. C'est la forme slave du mot César.

2. Quelques termes permettant de comprendre le régime communiste

■ **Communisme:** système qui repose sur la propriété collective des moyens de production; il est caractérisé par la disparition des différentes classes sociales.

■ **Économie capitaliste:** elle est caractérisée par la propriété privée des moyens de production.

■ **Koulak (mot russe signifiant «poing»):** désigne, avant la Révolution, un paysan propriétaire de ses terres et assez riche.

■ **Plus-value:** différence entre la valeur produite par le travail et le salaire donné au travailleur.

■ **Prolétariat:** ensemble de prolétaires, c'est-à-dire de ceux qui, ne possédant aucun moyen de production ou d'échange, ne disposent que de leur force de travail pour laquelle ils reçoivent un salaire.

3. Quelques termes permettant de comprendre l'économie soviétique

■ **Kolkhoze:** exploitation agricole collective en URSS. L'État est propriétaire du sol mais confie les terres au kolkhoze. Les paysans du kolkhoze reçoivent un salaire minimum et une part des bénéfices selon leur travail. Ils peuvent posséder et exploiter un lopin individuel dont ils vendent librement les produits sur le marché kolkhozien.

■ **Plan quinquennal:** plan d'une durée de cinq ans.

■ **Planification:** organisation qui permet de fixer le programme de développement économique d'une nation pendant une période donnée, selon des objectifs précis, en dégageant les moyens nécessaires pour les atteindre.

■ **Sovkhoze:** ferme d'État où chaque travailleur reçoit un salaire fixe; la terre, le matériel, les revenus, sont la propriété de l'État.

■ **Stakhanovisme:** méthode qui consiste à augmenter les rendements en incitant les travailleurs à la compétition, à l'image de ce qu'aurait réalisé un travailleur, Stakhanov.

EXERCICES & SUJETS

QUESTIONS DE COURS ▸ corrigé p. 24

1 Quels événements importants dans l'histoire de la Russie ont précédé l'arrivée au pouvoir de Staline en 1924 ?

2 Qui fut l'artisan de la Révolution en 1917 ?

3 Que signifie le sigle URSS ? Pouvez-vous l'expliquer ?

4 Comment le caractère totalitaire du régime de Staline se manifeste-t-il ?

5 Quelles sont les deux grandes formes d'organisation des entreprises agricoles en URSS ? Quel type d'économie mettent-elles en place ? À quelles oppositions se heurtent-elles ?

6 Qu'est-ce qu'un plan quinquennal ? Quels étaient les objectifs principaux des premiers plans quinquennaux ?

BREVET — Épreuve d'histoire ▸ corrigé p. 24

La dictature stalinienne

DOCUMENT 1 — Ce que pensait Lénine de Staline

« Le camarade Staline, devenu Secrétaire général, a concentré entre ses mains un pouvoir illimité, et je ne suis pas sûr qu'il puisse toujours s'en servir avec assez de circonspection.

Staline est trop brutal, et ce défaut parfaitement tolérable dans notre milieu et dans les relations entre nous, communistes, ne l'est plus dans les fonctions de Secrétaire général. Je propose donc aux camarades d'étudier un moyen pour démettre Staline de ce poste et pour nommer à sa place une autre personne qui n'aurait en toutes choses sur le camarade Staline qu'un seul avantage, celui d'être plus tolérant, plus loyal, plus poli et plus attentif envers les camarades, d'humeur moins capricieuse. »

Lénine, *Lettres du 24 décembre 1923 et du 4 janvier 1924*, *Œuvres complètes*, Éditions Sociales, 1959.

DOCUMENT 2   **Ce que dit la *Pravda*, journal « officiel » de Staline**

« Des millions d'yeux pleins d'un amour ardent sont fixés sur le camarade Staline. C'est avec une émotion profonde que son nom est répété par les travailleurs du monde entier. Il est l'espoir de tous les opprimés.

[…] la puissante personnalité de Staline condense toute la grandeur de la prochaine ère humaine. »

Boris Souvarine, *Staline*, Plon, 1940.

DOCUMENT 3   **Conseils aux voyageurs se rendant en URSS**

« Vous qui partirez demain et doutez peut-être de ma bonne foi, je vous adjure, au nom de l'amour qu'on doit aux hommes, de vous délivrer un jour des guides officiels pour vous rendre, sans témoins, sur le chantier du canal de la Volga ! Là vous trouverez des misérables, gardés baïonnette au canon, qui travaillent comme des bêtes, épuisés, chancelants. Et quand vous rentrerez le soir à Moscou, vous demanderez aux policiers de l'Intourist : "Quel crime ont-ils commis pour expier ainsi ?"

Ils n'oseront pas vous le dire. Ou ils vous mentiront. Comme toujours. La vérité, c'est que, sur cent bagnards, il n'y a pas dix condamnés de droit commun. Les autres : des étudiants poursuivis pour propos anti-révolutionnaires, des ouvriers accusés de sabotage du Plan, des paysans d'Ukraine qui, mourant de faim, ne voulaient pas se laisser voler leur blé. »

Roland Dorgelès, *Vive la liberté*, Albin Michel, 1937.

▶ QUESTIONS

Document 1
1. Quelle image de Staline, Lénine donne-t-il en 1923 ? Relevez trois groupes de mots justifiant votre réponse.

Document 2
2. Quelle autre image de Staline la *Pravda* donne-t-elle ? Par quelle appellation peut-on caractériser ces louanges adressées à Staline ? Que révèlent-elles sur le système politique existant en URSS ?

EXERCICES & SUJETS 2
L'URSS de Staline

Document 3

3. Quel nom donne-t-on au système concentrationnaire dont il est question dans le texte ?

▶ PARAGRAPHE ARGUMENTÉ

4. Rédigez un texte dans lequel vous présenterez les différents aspects de la dictature stalinienne.

CORRIGÉS

QUESTIONS DE COURS

1 **Avant l'arrivée de Staline** au pouvoir en 1924, la Russie a connu la chute du régime tsariste, la révolution bolchevique de 1917 sous la direction de Lénine, une période de guerre civile de 1918 à 1921 et l'instauration du communisme de guerre.

2 **L'artisan principal** de la Révolution de 1917 fut **Lénine**; après la prise du pouvoir par les bolcheviks à Pétrograd en octobre 1917, Lénine est à la tête du gouvernement.

3 **Le sigle URSS** signifie l'**Union des républiques socialistes soviétiques** qui est fondée le 31 décembre 1922. Issue de la victoire du parti bolchevik, elle repose sur les «soviets», les comités qui sont chargés de gouverner et d'administrer.

4 **La dictature de Staline** revêt un caractère totalitaire: le parti communiste est le parti unique, il n'y a pas d'opposition possible, sinon c'est l'exécution ou la déportation en «goulag»…

5 Les entreprises agricoles étaient organisées soit en **kolkhozes**, exploitations agricoles collectives, soit en **sovkhozes** qui étaient des fermes d'État. Il s'agit d'une **économie socialiste et communiste** qui va rencontrer **l'opposition des paysans**.

6 **Un plan quinquennal** est établi pour gérer le développement économique sur une période de cinq ans. Les premiers plans privilégient l'industrie lourde (sidérurgie), les biens d'équipement (chemin de fer, électricité) et les industries d'armement.

BREVET – Épreuve d'histoire

QUESTION 1

En 1923, Lénine donne déjà de Staline l'image d'un **dictateur** possible: il concentre en ses mains tous les pouvoirs et il n'est pas certain qu'il puisse toujours s'en servir pour le bien de l'État. Les expressions permettant de dire cela sont: «pouvoir illimité», «assez de circonspection», «trop brutal».

CORRIGÉS 2
L'URSS de Staline

QUESTION 2

À l'opposé de Lénine, la *Pravda,* qui est le journal officiel, donne de Staline l'image d'un **camarade bienfaiteur des opprimés** vers qui tous les regards d'amour se portent. On peut caractériser ce texte de **propagande officielle** pour le culte de la personnalité reflétant un système politique **autoritaire et totalitaire**.

QUESTION 3

Le système concentrationnaire dont il est ici question est celui de la **déportation** de tous les opposants dans les camps ou « goulag » situés le plus souvent en Sibérie.

PARAGRAPHE ARGUMENTÉ 4

Les différents aspects de la dictature stalinienne

Le développement et la collectivisation de l'économie se sont accompagnés en URSS de la mise en place d'une dictature politique sanglante.

Dès 1928-1929, **Staline**, après avoir éliminé Trotski, **concentre entre ses mains l'essentiel du pouvoir**. Il domine le parti unique, le parti communiste, et le « purge » des membres qui le gênent. La population est surveillée par la police politique, le NKVD. Aucune des libertés fondamentales individuelles n'est respectée. Les « koulaks » qui refusent la collectivisation sont déportés ou exécutés.

Parallèlement, Staline organise autour de sa personne un **culte de la personnalité**. La presse, les écrivains, les artistes, tous chantent la gloire de Staline, le « petit père des peuples ».

À partir de 1934, la dictature stalinienne s'accentue. L'URSS connaît alors une **période de terreur**. Au cours des grands procès, des bolcheviks qui ont fait la révolution d'Octobre 1917 sont même condamnés. Plusieurs millions de Soviétiques sont exécutés ou déportés dans les camps du « Goulag », où ils meurent en grand nombre.

3 La France des années de crise (1931-1936)

1 La crise est tardive mais durable

■ **Une grave crise financière, économique et sociale** frappe les États-Unis d'abord, puis l'ensemble du monde à partir de 1929. **La crise atteint la France en 1931** lorsque la Grande-Bretagne dévalue sa monnaie. Les prix français sont alors trop élevés et les exportations diminuent. Le refus des gouvernements de dévaluer le franc fait baisser encore plus la consommation.

■ De 1931 à 1935, **le revenu moyen des Français diminue de 30 %**. Le chômage s'accroît : le nombre de chômeurs passe de 330 000 en 1934 à 900 000 en 1935.

■ La crise ne touche pas de la même façon les différentes catégories sociales : elle contribue à augmenter les tensions dans une société très contrastée.

2 La crise révèle les faiblesses de la démographie et de l'économie

■ La France connaît un déclin démographique. Dès 1920, la baisse de la natalité a repris et accentué le **déficit dû à la guerre**. À partir de 1934, les « cercueils sont plus nombreux que les berceaux « car les « classes creuses » parviennent à l'âge adulte. Seule l'immigration compense cette dénatalité.

La France des années de crise (1931-1936)

■ La dénatalité, le vieillissement de la population, le fait que cette **population est encore essentiellement rurale**, et donc **peu consommatrice**, constituent des freins à la demande et à la croissance économique.

■ Les **entreprises** très diverses, **petites et souvent routinières**, sont incapables de faire face à la concurrence internationale. Leurs productions chutent de 17 % de 1931 à 1932. La France se fait «protectionniste».

3 La crise accentue les tensions politiques

■ **La grande instabilité ministérielle, l'incapacité des gouvernements** successifs à résoudre la crise sont dénoncées par les ligues d'extrême droite. La démocratie parlementaire est vivement critiquée et mise en cause lors de **l'affaire Stavisky**, escroc lié aux milieux politiques officiels et mort dans des conditions suspectes. De nombreux scandales financiers touchent des parlementaires.

■ Le 6 février 1934, les ligues organisent une manifestation devant la Chambre des députés qui dégénère en émeute et fait 20 morts.

■ **Les partis de gauche**, le parti socialiste (SFIO), le parti radical et le parti communiste, **se regroupent** en vue des élections législatives de 1936 devant ce qu'ils estiment être une menace fasciste : c'est **l'origine du Front populaire**.

DÉFINITIONS

1. Quelques termes pour comprendre les questions économiques

■ **Dévaluation:** opération qui consiste à diminuer la valeur de la monnaie d'un État par rapport à celle de monnaies étrangères. La dévaluation permet de relancer les exportations du pays qui dévalue sa monnaie, puisque le pays acheteur, avec une monnaie plus forte, peut acheter une plus grande quantité de produits qu'auparavant. Mais en contrepartie, pour le pays qui a dévalué, les produits importés sont plus coûteux.

■ **Libre-échange:** système économique où les marchandises circulent librement d'un pays à l'autre, sans acquitter de droits, sans contingentements.

■ **Protectionnisme:** système économique où sont mises en place des mesures douanières (taxes, droits à l'importation, limitations des quantités de produits importés) afin de protéger un pays contre la concurrence étrangère.

2. Quelques termes pour comprendre l'évolution politique et la crise

■ **Ligue:** association constituée pour défendre des intérêts politiques. En France, dans les années 1930, la ligue des Croix-de-Feu, formée au départ d'anciens combattants décorés de la croix de guerre, sous la direction du colonel de La Rocque ainsi que la ligue d'Action française, luttent pour un renforcement du pouvoir exécutif. Le 6 février 1934, les ligues manifestent à Paris. Bilan : 20 morts et la démission de Daladier, président du Conseil.

■ **Radicaux:** membres du parti radical, principal parti de la IIIe République, au centre de toutes les combinaisons ministérielles.

■ **Régime parlementaire:** régime dans lequel le gouvernement est contrôlé et peut être renversé par le Parlement.

■ **SFIO:** sigle de la Section française de l'Internationale ouvrière, fondée en 1905. En 1936, la SFIO est le premier parti politique de France et se trouve à la tête du Front populaire.

EXERCICES & SUJETS

QUESTIONS DE CORRIGÉ ▶ corrigé p. 32

1 En quelle année la crise économique frappe-t-elle la France ?

2 Quels sont en France, dans les années 1930, les obstacles à la croissance ?

3 Quelles sont les manifestations économiques et sociales de la crise dans les années 1931-1935 ?

4 Pourquoi la France dans les années 1930 connaît-elle des tensions politiques ?

5 Que se passe-t-il à Paris le 6 février 1934 ?

6 Quelles sont les raisons qui poussent les forces de gauche à se rassembler à partir de 1935 ? Quel nom ce rassemblement prend-il ?

BREVET — Épreuve d'histoire ▶ corrigé p. 32

La France des années 1930 : la démocratie en danger

DOCUMENT 1a Les ligues contre le Parlement

Il faut remplacer la République parlementaire et individualiste qui divise et qui corrompt par une république corporative et familiale. Nous ne reculerons pas devant l'illégalité. De 90 % de nos représentants, on pourrait dire : un parlementaire, c'est un ventre et un bas-ventre. Le pouvoir n'a d'agrément pour lui qu'à condition de pouvoir s'enrichir.

D'après **Henri Dorgères**, *Haut les fourches*, Les Œuvres françaises, 1935.

DOCUMENT 1b **Le 6 février 1934, les ligues manifestent place de la Concorde à Paris, en face de la Chambre des députés**

© Collection Roger Viollet

DOCUMENT 2 **Couverture de la brochure *Le Front populaire*, 1936**

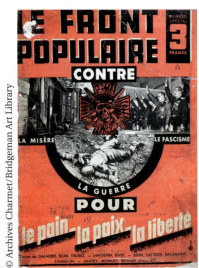

En bas de l'affiche, nous pouvons lire la phrase suivante : « Textes de Daladier, Blum, Thorez

EXERCICES & SUJETS 3
La France des années de crise (1931-1936)

DOCUMENT 3 — La Chambre des députés élue en 1936

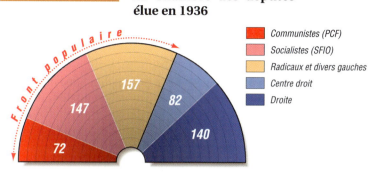

QUESTIONS

Documents 1a et 1b
1. Quels éléments montrent que les ligues sont des mouvements antiparlementaires ?

Document 2
2. Quels sont les objectifs du Front populaire ?

Documents 1, 2 et 3
3. Quelles sont les conséquences politiques de la manifestation du 6 février 1934 ?

PARAGRAPHE ARGUMENTÉ

4. À l'aide des documents, de vos réponses aux questions et de vos connaissances, rédigez un paragraphe argumenté d'une vingtaine de lignes dans lequel vous expliquerez comment les Français réagissent à la crise des années 1930.

CORRIGÉS

QUESTIONS DE COURS

1 La crise atteint la France en **1931**.

2 La **dénatalité** et le **vieillissement de la population** ainsi que la **part importante de la population rurale** dans la population totale constituent un frein à la croissance en France.

3 La crise se manifeste par une **augmentation du chômage** et une **diminution de 30 % des revenus des Français**.

4 La France connaît des tensions politiques en raison de l'**instabilité ministérielle** et de l'**incapacité des gouvernements à résoudre la crise**.

5 Le 6 février 1934, les ligues organisent une **grande manifestation** devant l'Assemblée nationale contre la République parlementaire qui dégénère en émeute.

6 Pour les forces de gauche, le **6 février 1934** est une tentative de coup de force fasciste. C'est pourquoi elles se rassemblent à partir de 1935 : c'est le **Front populaire**.

BREVET — Épreuve d'histoire

QUESTION 1

Les ligues sont des mouvements antiparlementaires. Dans le document 1a, **elles réclament le remplacement de « la République parlementaire et individualiste »**. Elles traitent les parlementaires de « ventre » et de « bas-ventre », car elles les accusent d'être au pouvoir pour s'enrichir. La manifestation du 6 février 1934 a eu lieu en face de la Chambre des députés car les ligues veulent ainsi témoigner leur antiparlementarisme.

QUESTION 2

Cette couverture de la brochure *Le Front populaire*, publiée pendant la campagne électorale de 1936, est un condensé des objectifs du Front populaire. Ce rassemblement de la gauche, dirigé par Blum, Thorez et Daladier, veut **lutter** :

CORRIGÉS 3
La France des années de crise (1931-1936)

– **contre la crise économique** qui touche la France et donc contre la misère et le chômage ;
– **contre le fascisme et la guerre** qui menacent la France, en maintenant la paix et la liberté.

« **Le pain, la paix, la liberté** » est le slogan autour duquel les trois partis du Front populaire constituent une alliance électorale.

QUESTION 3

La manifestation du 6 février 1934, organisée par les ligues, tourne à l'émeute. La gauche considère alors cette manifestation comme une tentative de coup d'État fasciste. En juillet 1935, elle organise une grande **contre-manifestation unitaire des trois partis de gauche** : la SFIO, les radicaux et les communistes ; **c'est la naissance du Front populaire**. En 1936, les trois partis concluent une alliance électorale (document 2).

PARAGRAPHE ARGUMENTÉ 4

Les réactions des Français à la crise des années 1930

En 1931, la France est à son tour atteinte par la crise économique qui a frappé les États-Unis en 1929. Le revenu moyen des Français diminue et le chômage s'accroît. Cette crise ne touche pas de la même façon les différentes catégories sociales et **elle contribue à augmenter les fortes tensions politiques**.

Dans les années 1930, la crise est en effet aussi politique. La grande **instabilité ministérielle**, l'incapacité des gouvernements successifs à résoudre la crise sont dénoncées par les ligues d'extrême droite. **La démocratie parlementaire est vivement critiquée** et mise en cause lors de l'affaire Stavisky (1934), escroc lié aux milieux politiques officiels et mort dans des conditions suspectes. C'est dans ce contexte que **les ligues organisent, le 6 février 1934, un rassemblement devant la Chambre des députés pour témoigner leur antiparlementarisme**. Cela tourne à l'**émeute**. On relève de nombreux blessés et des morts. **La gauche** considère alors **cette manifestation comme une tentative de coup d'État fasciste**, et un très **fort désir d'union** apparaît chez ses militants.

Le 14 juillet 1935, les trois partis de gauche : la SFIO, dirigée par Léon Blum, le parti radical (Daladier) et le parti communiste (Thorez) organisent une **manifestation unitaire**. À la suite de cette manifestation, ils signent un

accord électoral et adoptent un **programme commun** dont le slogan est «**Le pain, la paix, la liberté**». Ils veulent lutter contre la crise économique et sociale dont souffre la France, empêcher la montée du fascisme et préserver la paix.

En **avril-mai 1936**, grâce à un report des voix, discipliné, **le Front populaire remporte les élections législatives.** Les trois partis du Front populaire rassemblent 369 députés contre 236 à droite. Pour la première fois, les socialistes possèdent le groupe le plus important à la Chambre des députés. Aussi est-ce à **Léon Blum**, principal dirigeant socialiste, que le président de la République fait appel pour **former le nouveau gouvernement**.

4 Le Front populaire en France

www.prepabrevet.com

1 La victoire du Front populaire

■ En janvier 1936, les partis de gauche (parti socialiste, radical et communiste) adoptent un **programme électoral** qui propose des mesures pour la défense des libertés et de la paix, contre le chômage et la crise.

■ L'alliance électorale des partis du Front populaire l'emporte aux élections législatives de mai 1936. Un socialiste, **Léon Blum**, est chargé de former le gouvernement. Pour le peuple, c'est l'immense espoir d'un grand « tournant » de la société française.

■ Un mouvement de **grèves spontanées** avec occupations d'usines éclate à travers la France : il touche la moitié des entreprises françaises et inquiète le patronat.

2 Les réformes économiques et sociales du Front populaire

■ Pour satisfaire les revendications sociales des ouvriers, Blum procède à différentes **réformes** :

• Les **accords Matignon**, signés le 7 juin, prévoient une hausse des salaires de 7 à 15 % et garantissent les conventions collectives et le droit syndical.

• Le Parlement vote deux **lois sociales** : l'une institue les 15 jours de congés payés, l'autre abaisse la semaine de travail de 48 à 40 heures.

■ Dans le **domaine économique**, la création de l'Office du blé vise à organiser le marché et à garantir à l'exploitant des prix de vente convenables. Les chemins de fer sont nationalisés et la SNCF est créée en 1937.

3 Les difficultés et l'échec

■ **Le Front populaire est affaibli par ses propres divisions face à la guerre d'Espagne.** Léon Blum, désireux de venir en aide aux républicains espagnols, se heurte à l'opposition des radicaux et de certains socialistes qui prônent la non-intervention.

■ Le Front populaire se désagrège en raison des **difficultés économiques et financières**, de la pression de la droite et de la méfiance des milieux d'affaires. Le franc est dévalué, l'inflation rogne les augmentations de salaire et mécontente les ouvriers.

■ Léon Blum démissionne en 1937. En 1938, le radical Daladier arrive au pouvoir et met fin au Front populaire.

DÉFINITIONS

■ **Antisémitisme:** doctrine ou attitude d'hostilité à l'égard des Juifs.

■ **CGT:** sigle de la Confédération générale du travail, syndicat fondé en 1895. En 1921, il se scinde en deux: la CGTU minoritaire (communiste) et la CGT majoritaire, proche de la SFIO.

■ **Convention collective:** accord portant sur les salaires et les conditions de travail. Cet accord est conclu entre un syndicat et les employeurs.

EXERCICES & SUJETS

QUESTIONS DE COURS ▶ corrigé p. 40

1 Quels partis politiques constituent le Front populaire ? Quelles sont les grandes lignes de leur programme ?

2 Après les élections de mai 1936, qui est chargé de former le gouvernement ? À quel parti politique appartient-il ?

3 Quelles sont les premières réactions du monde ouvrier devant le succès électoral du Front populaire ?

4 Où et quand les « accords Matignon » ont-ils été signés ? Que prévoient-ils ?

5 Quelles sont les autres mesures sociales prises par le gouvernement ?

6 Pourquoi la guerre d'Espagne divise-t-elle les partis du Front populaire ?

7 Donner deux raisons de l'échec du Front populaire.

BREVET – Épreuve d'histoire ▶ corrigé p. 40

Le Front populaire

DOCUMENT 1 — **Allocution radiodiffusée de Léon Blum, le 5 juin 1936 (extraits)**

Le gouvernement de Front populaire est constitué…

Dès aujourd'hui, il veut prendre contact avec le pays.

Son programme est le programme de Front populaire.

Parmi les projets dont il annoncera le dépôt immédiat et qu'il demandera aux deux Chambres de voter… figurent :

– la semaine de 40 heures ;

– les contrats collectifs ;

– les congés payés.

C'est-à-dire les principales réformes réclamées par le monde ouvrier.

Il est donc résolu à agir avec décision et rapidité…

L'action du gouvernement, pour être efficace, doit s'exercer dans la sécurité publique. Elle serait paralysée par toute atteinte à l'ordre, par toute interruption dans les services vitaux de la nation. Toute panique, toute confusion serviraient les desseins obscurs des adversaires du Front populaire, dont certains guettent déjà leur revanche.

Le gouvernement demande donc aux travailleurs de s'en remettre à la loi pour celles de leurs revendications qui doivent être réglées par la loi, de poursuivre les autres dans le calme, la dignité et la discipline…

Un grand avenir s'ouvre devant la démocratie française.

Léon Blum, *L'Exercice du pouvoir*,
discours prononcés de mai 1936 à janvier 1937, Gallimard, 1937.

DOCUMENT 2 **Occupation des usines Sautter-Harle en 1936**

© Collection Viollet

EXERCICES & SUJETS | 4
Le Front populaire en France

DOCUMENT 3 — **Affiche du centre de propagande des républicains nationaux, 1936**

Les trois « marionnettes » sont de bas en haut : Léon Blum (SFIO), Édouard Herriot (Radicaux), Marcel Cachin (Parti communiste).

QUESTIONS

Documents 1 et 2
1. Indiquez quatre changements réclamés par les ouvriers en 1936.

Document 2
2. Indiquez deux moyens utilisés par les ouvriers pour faire connaître leurs revendications.

Documents 1 et 3
3. Relevez deux expressions qui montrent qu'il existe une opposition au Front populaire.

PARAGRAPHE ARGUMENTÉ

4. À partir des informations tirées des documents et en vous aidant de vos connaissances, vous rédigerez un paragraphe argumenté d'une vingtaine de lignes où vous montrerez que le Front populaire fut une amélioration dans une France divisée.

CORRIGÉS

QUESTIONS DE COURS

1 Le **parti socialiste**, le **parti radical** et le **parti communiste** constituent le Front populaire. Leur programme électoral commun propose des **mesures pour la défense des libertés**, **pour le maintien de la paix**, **contre la crise et le chômage**.

2 C'est **Léon Blum**, chef du **parti socialiste**, qui est chargé de former le gouvernement.

3 Après le succès électoral du Front populaire, **des mouvements de grèves spontanées** éclatent à travers la France.

4 Les accords Matignon ont été signés le **7 juin 1936** à l'hôtel Matignon. Ils prévoient une **hausse de 7 à 15 % des salaires** et garantissent les **conventions collectives** et le **droit syndical**.

5 Le Parlement vote deux lois sociales : l'une accorde **15 jours de congés payés**, l'autre **abaisse la semaine de travail de 48 à 40 heures**.

6 La guerre d'Espagne **divise** le Front populaire car les communistes voudraient que la France s'engage à côté du gouvernement républicain espagnol en guerre contre le général Franco tandis que Blum refuse d'intervenir.

7 Les **difficultés financières et économiques** et les **divisions du Front populaire** face à la guerre d'Espagne expliquent l'échec du Front populaire.

BREVET — Épreuve d'histoire

QUESTION 1

Le document 1 nous indique trois changements réclamés par les ouvriers français :
– **la semaine de 40 heures** ;
– **les contrats collectifs** ;
– **les congés payés**.

Le document 2 nous indique que les ouvriers des usines Sautter-Harle demandent **la levée des mesures de licenciement** prises à l'encontre de vingt de leurs camarades.

CORRIGÉS
Le Front populaire en France

QUESTION 2

Les deux moyens utilisés par les ouvriers pour faire connaître leurs revendications sont **la grève** et **l'occupation des usines**.

QUESTION 3

Le document 1 mentionne « **les desseins obscurs des adversaires du Front populaire** ». Le document 3, qui émane des **opposants au Front populaire, veut montrer que les dirigeants du Front populaire sont soumis à l'autorité des soviets et donc à Staline**.

PARAGRAPHE ARGUMENTÉ 4

Le Front populaire

En mai 1936, **l'alliance électorale des partis du Front populaire**, qui regroupe le parti socialiste, le parti radical et le parti communiste, **l'emporte aux élections législatives**. Le socialiste Léon Blum est chargé de former le gouvernement. **Pour le peuple, c'est l'immense espoir** de voir l'amélioration de leurs conditions de vie. **Un mouvement de grèves spontanées**, avec occupations d'usines, **éclate à travers toute la France**. Il touche la moitié des entreprises françaises, près de 2 millions de salariés et inquiète le patronat.

Pour satisfaire les revendications sociales des ouvriers, **Blum procède à différentes réformes**. Les accords Matignon, signés le 7 juin, prévoient une **hausse des salaires** de 7 à 15 % et garantissent les **conventions collectives et le droit syndical**. Le Parlement vote deux lois sociales : l'une institue les **15 jours de congés payés**, l'autre abaisse **la semaine de travail de 48 à 40 heures**. Ces **conquêtes sociales du printemps 1936 sont considérables**. La diminution du temps de travail hebdomadaire et les congés payés créent chez les salariés l'idée de loisir et certains vont pour la première fois partir en vacances. D'autre part, la hausse des salaires améliore le niveau de vie des familles.

Mais ces mesures ne sont pas approuvées par tous les Français. Elles provoquent **l'hostilité des milieux d'affaires** et, dès 1936, commence la fuite des capitaux vers la Suisse, ce qui aggrave les difficultés économiques. Les **partis de droite et la presse de droite se déchaînent contre le gouvernement de Front populaire** qu'ils accusent d'être soumis à l'URSS. Une campagne antisémite est lancée contre Léon Blum et les membres du gouvernement israélites. Le ministre de l'Intérieur, Roger Salengro, violemment calomnié, se suicide. **La France est vraiment divisée et connaît alors une atmosphère de haine et de violence.** Même les classes moyennes qui avaient largement voté pour les candidats du Front populaire passent à l'opposition. Elles sont inquiètes par les occupation d'usines et les grèves et déçues par les mesures sociales qu'accroissent les charges des petites entreprises et des artisans.

5 L'Allemagne nazie

www.prepabrevet.com

1. La conquête du pouvoir par Hitler

La conquête légale du pouvoir par Hitler dans une République affaiblie par la crise.

■ Au **lendemain de la guerre** et de la disparition de l'Empire allemand, la République est instaurée à Weimar. Mais **l'Allemagne est fragile**, lourdement handicapée par les « réparations » et très liée aux États-Unis. La République est peu soutenue par la population et les milieux d'affaires.

■ Cependant **Hitler**, qui a **créé en 1920 le parti national socialiste des travailleurs** ou **parti nazi (NSDAP)**, ne réussit pas, dans ce climat de désarroi général, à s'emparer du pouvoir en 1923. Emprisonné, il rédige *Mein Kampf* (« Mon combat ») où il expose sa doctrine et son programme.

■ Le **parti nazi** rassemble les victimes de la crise économique autour des thèmes de nationalisme, antisémitisme, antiparlementarisme, anticapitalisme. Il est **soutenu par la grande bourgeoisie industrielle** et les classes moyennes qui redoutent des bouleversements sociaux. Il obtient 37 % des voix aux élections de 1932. Sous la pression du patronat et des hommes politiques de droite, **le président Hindenburg nomme Hitler chancelier le 30 janvier 1933**.

2. La mise en place d'une dictature totalitaire et raciste

■ **Un régime totalitaire :** légalement arrivé au pouvoir, Hitler met rapidement en place sa dictature. Un mois à peine après son arrivée au pouvoir, l'incendie du Reichstag (28 février 1933) est le point de départ d'un régime totalitaire. En août 1934, à la mort de Hindenburg, **Hitler prend le titre de** *Reichsführer*.

■ Le slogan «Ein Volk, ein Reich, ein Führer» (un peuple, un Empire, un seul chef) résume les trois thèmes autour desquels Hitler veut réaliser l'unité des Allemands. **Hitler détient tous les pouvoirs**, instaure le **parti unique**, dissout les syndicats, supprime les libertés fondamentales. La population est **embrigadée** et soumise à une intense propagande orchestrée par Goebbels. Les **SS et la Gestapo traquent les opposants** qui, dès 1933, sont envoyés dans les camps de concentration.

■ **Une idéologie raciste:** les nazis sont convaincus de la supériorité de la race aryenne. Ils mettent en place une **politique de persécution puis d'extermination des races dites inférieures**. Les **Juifs** en sont les **premières victimes** (lois de Nuremberg en 1935, «Nuit de cristal» en 1938).

3 L'économie nazie repose sur la préparation de la guerre

■ Dès 1933, une **politique de grands travaux** permet de résorber le chômage.

■ À partir de 1936, **l'économie est orientée vers la préparation de la guerre**. Le réarmement intensif relance la sidérurgie, l'industrie chimique et l'industrie mécanique.

COURS 5
L'Allemagne nazie

DÉFINITIONS

■ **Aryen :** d'après la théorie raciste nazie, c'est un individu blond aux yeux bleus qui a conservé la pureté raciale d'un peuple indo-européen, les Aryens. Les plus purs représentants des Aryens sont les Germains. « Peuple de seigneurs », ils doivent dominer le monde et détruire les races dites « impures ».

■ **Autarcie :** système économique d'un pays qui vit de ses ressources propres, sans échange avec l'étranger ou en important le moins possible.

■ **Front du travail :** organisme qui remplace les syndicats allemands dissous en 1933. Il regroupe à titre individuel les travailleurs allemands et arbitre les relations entre employeurs et salariés.

■ **Génocide :** extermination d'un peuple.

■ **Gestapo :** police secrète d'État. En réalité, c'est la police politique du IIIe Reich créée par Goering en 1933 et réorganisée par Himmler en 1936.

■ **KPD :** parti communiste allemand.

■ *Mein Kampf* (« **Mon combat** ») : c'est le titre du livre rédigé par Hitler en prison en 1923 dans lequel il expose ses thèses et ses projets.

■ **NSDAP :** sigle allemand désignant le parti national socialiste des travailleurs ; c'est le parti nazi, fondé en 1920.

■ *Reichsführer* **:** titre donné à Hitler (vient de l'allemand *Reich* : empire ; *Führer* : chef).

■ **SA** (*Sturm Abteilung*) **:** section d'assaut. Milice du parti nazi créée en 1920. Les hommes des SA ont été les troupes de choc du parti nazi jusqu'à la prise du pouvoir. Ils étaient vêtus d'une chemise brune. Une partie de ces hommes, dirigés par Röhm, recrutés dans les milieux populaires, réclamant une deuxième « Révolution sociale » et prônant des idées anticapitalistes, sont exécutés par les SS, au cours de la « Nuit des longs couteaux » (30 juin 1934).

■ **SS** (*Schutz Staffel*) **:** milice personnelle d'Hitler, créée en 1926.

EXERCICES & SUJETS

QUESTIONS DE COURS ▶ corrigé p. 49

1 Dans quel livre Hitler expose-t-il sa doctrine ? Où et quand l'a-t-il rédigé ?

2 Quand Hitler crée-t-il le NSDAP ? Sous quel autre nom ce parti politique est-il connu ?

3 Par qui le parti nazi est-il soutenu ? Pourquoi la crise économique favorise-t-elle l'arrivée au pouvoir d'Hitler ?

4 Quand et comment Hitler devient-il chancelier ? Par qui est-il nommé ?

5 Pourquoi le régime nazi est-il totalitaire ?

6 En quoi la dictature nazie est-elle raciste ?

7 Comment le peuple allemand est-il soumis à cette dictature ?

BREVET — Épreuve d'histoire ▶ corrigé p. 49

L'Allemagne nazie : un État totalitaire

DOCUMENT 1 **Loi du 28 février 1933**

Sont autorisés, même au-delà des limites fixées par la loi, les atteintes à la liberté individuelle, au droit de libre expression, à la liberté de la presse, au droit de réunion ; les violations du secret de la correspondance et du téléphone ; les ordres de perquisition[1] et de réquisition[2].

---

1. Perquisition : recherche opérée par la police au domicile d'une personne.
2. Réquisition : contrainte qui oblige les personnes à céder leurs biens ou à se mettre au service de l'autorité.

EXERCICES & SUJETS — 5
L'Allemagne nazie

DOCUMENT 2 — Affiche allemande de 1933 : « Oui ! *Führer* nous te suivons ! »

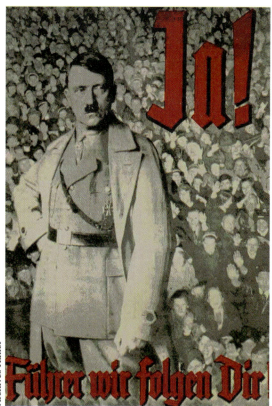

DOCUMENT 3   **Extrait d'un recueil de chansons des Jeunesses hitlériennes destiné à des garçons de 10 à 14 ans**

Vous, les soldats d'assaut, jeunes et vieux,
Saisissez-vous de vos armes,
Car des Juifs saccagent et pillent
La patrie allemande. […]

Cent dix cartouches en bandoulière,
Le fusil chargé à bloc,
Et des grenades dans les mains,
Bolchevik, amène-toi! On t'attend!

QUESTIONS

Document 2
1. En quoi l'affiche traduit-elle l'organisation politique de l'Allemagne nazie?

Document 3
2. Relevez les éléments de l'idéologie nazie qui figurent dans ce document.

Documents 1, 2 et 3
3. Relevez par quels moyens l'État contrôle la population.

PARAGRAPHE ARGUMENTÉ

4. Rédigez un paragraphe argumenté d'une vingtaine de lignes répondant au sujet: «L'Allemagne nazie: un État totalitaire».

CORRIGÉS

CORRIGÉS 5
L'Allemagne nazie

QUESTIONS DE COURS

1 Hitler expose sa doctrine dans le livre «**Mein Kampf**» (Mon combat) qu'il a rédigé **en 1923 quand il était en prison**.

2 Hitler crée le NSDAP **en 1920**, connu sous le nom de **parti nazi**.

3 Le parti nazi est soutenu par la **grande bourgeoisie industrielle** et les **classes moyennes**. La crise économique favorise l'arrivée au pouvoir d'Hitler car les victimes de la crise se tournent vers le parti nazi qu'elles pensent capable de résoudre le grave problème du chômage.

4 Hitler est nommé chancelier par le président de la République, **Hindenburg, le 30 janvier 1933**.

5 **Le régime nazi est totalitaire** car Hitler détient tous les pouvoirs, instaure un parti unique (parti nazi) et supprime les libertés fondamentales.

6 **La dictature nazie est raciste** car les nazis sont convaincus de la supériorité de la race aryenne et mettent en place une politique de persécution puis d'extermination des races dites inférieures comme la race juive.

7 Le peuple allemand est soumis à cette dictature par un véritable **embrigadement** et une intense **propagande** orchestrée par Goebbels.

BREVET – Épreuve d'histoire

QUESTION 1

Cette affiche montre que l'Allemagne est soumise à un **régime dictatorial**. **Hitler** y est représenté **au premier plan, surplombant la foule qui le suit**. Cette position symbolise le chef unique et tout-puissant, le *Führer*, qui guide un peuple qui l'acclame.

QUESTION 2

Ce document renferme plusieurs éléments de l'idéologie nazie : **l'antisémitisme et le nationalisme** («des Juifs saccagent et pillent la patrie allemande») ; **l'antibolchevisme** («Bolchevik, amène-toi! On t'attend») ; **le militarisme et l'obéissance** («Vous, les soldats d'assaut, jeunes et vieux, Saisissez-vous de vos armes»).

QUESTION 3

L'ensemble des trois documents montre que l'État nazi contrôle la population par l'intermédiaire de la **propagande** (affiche), de **l'embrigadement** (enrôlement des jeunes garçons dans les Jeunesses hitlériennes), en **violant les libertés fondamentales** et en soumettant la population à un **contrôle policier sévère** (loi du 28 février 1933).

PARAGRAPHE ARGUMENTÉ 4

L'Allemagne nazie : un État totalitaire

Nommé chancelier en janvier 1933, Hitler prend le titre de *Reichsführer* en août 1934. **L'Allemagne est alors soumise à un régime totalitaire. Hitler possède tous les pouvoirs ; chef unique, il est maître du parti nazi, de l'État et de l'armée.**

Le parti nazi, parti unique, contrôle entièrement l'État et l'armée encadre étroitement la **population**. Celle-ci est **endoctrinée par une propagande active**, organisée par Goebbels, qui utilise tous les moyens de communication : la presse, la radio, le cinéma. De grandes manifestations destinées à mobiliser et à fanatiser les foules sont organisées.

L'enseignement, les mouvements de jeunesse (Jeunesses hitlériennes) sont dépendants du régime. Les travailleurs sont regroupés dans le Front du travail. Chaque Allemand doit montrer sa soumission et sa confiance par le salut : « *Heil Hitler* ».

La dictature nazie nie la démocratie et les libertés individuelles. Les opposants sont traqués par la police secrète, la Gestapo, et les SS commandés par Himmler. Un climat de terreur règne. Dès février 1933, les opposants au régime sont envoyés dans des camps de concentration (ex. : Dachau).

La dictature nazie impose à tous les Allemands une idéologie raciste. Les nazis sont convaincus de la supériorité de la race aryenne et mettent en place une politique de persécution, puis d'extermination des races dites inférieures. Les Juifs en sont les premières victimes. Dès 1933, les magasins juifs sont boycottés. En 1935, les lois de Nuremberg interdisent tout mariage entre Juifs et citoyens de « sang allemand », retirent aux Juifs le droit de vote et rendent le port de l'étoile jaune obligatoire. Ces mesures annoncent le génocide de la Seconde Guerre mondiale.

6 Vers la Seconde Guerre mondiale

www.prepabrevet.com

1 Hitler menace la paix

■ **Dès 1930, la paix est menacée par les retombées internationales** de la crise qui renforce le nationalisme. Les difficultés économiques conduisent les États à pratiquer une politique protectionniste ou autarcique.

■ Les démocraties, comme la Grande-Bretagne et la France, commercent avec leur empire colonial.

■ L'absence de colonies pousse les dictatures (Japon, Italie, Allemagne) à une politique d'autarcie et d'annexions territoriales. Elles se sentent encouragées par la **passivité des démocraties** et la faiblesse de la SDN qu'elles ont quittée.

■ En Allemagne, **l'arrivée au pouvoir d'Hitler en 1933 constitue un danger particulièrement grand pour la paix**. Il met en application son programme contenu dans *Mein Kampf* et prépare sa conquête de « l'espace vital ».

■ **La guerre d'Espagne**, où s'affrontent, de 1936 à 1939, républicains et nationalistes dirigés par Franco, constitue pour l'Allemagne, qui y envoie ses armes et ses avions, une sorte de « **répétition générale** », comme en témoigne le bombardement de Guernica, le 26 avril 1937.

2 Hitler multiplie les coups de force qui conduisent à la guerre

■ En 1936, **Hitler resserre ses liens avec l'Italie fasciste** de Mussolini (Axe Rome-Berlin) **et avec le Japon** (pacte anti-Komintern). Il viole le traité de Versailles en remilitarisant la Rhénanie.

■ **Au printemps 1938, Hitler commence sa politique d'expansion.** Il veut réaliser la Grande Allemagne, c'est-à-dire réunir en une seule communauté les Allemands du IIIe Reich, de l'Autriche et de la région des Sudètes. Pour arriver à ses fins, il justifie ses revendications par des considérations linguistiques et ethniques, s'appuie sur les partis nazis existant dans les pays qu'il veut annexer et prononce des discours menaçants. Il commence d'abord par des pays de langue allemande.

■ Le 11 mars 1938, le chancelier autrichien est sommé de démissionner et il est remplacé par le chef du parti nazi autrichien. Le 13 mars, une loi promulguée à Berlin et à Vienne consacre l'union de l'Autriche et de l'Allemagne. C'est l'***Anschluss***.

■ Hitler veut ensuite annexer la **Tchécoslovaquie** dont l'armée est puissante et nombreuse. Ce pays est lié à la France par un traité d'alliance. Prétextant le mauvais traitement réservé aux **Sudètes** (population de langue allemande) par la police tchèque, **Hitler réclame leur rattachement à l'Allemagne**. Le 22 septembre, il envoie un ultimatum à la Tchécoslovaquie lui demandant d'évacuer les territoires sudètes avant le 1er octobre. L'Europe se mobilise. Chamberlain, soutenu par Mussolini, lance l'idée d'une conférence. Celle-ci se réunit le **29 septembre 1938 à Munich**, en présence de Chamberlain, Daladier, Hitler et Mussolini. En quelques heures, Hitler triomphe : il peut annexer la région des Sudètes et il est maintenant convaincu de la faiblesse anglaise et française, ces deux pays voulant la paix à tout prix.

■ Non content d'avoir annexé l'Autriche et la région des Sudètes, en mars 1939, **Hitler occupe la Bohême et la Moravie**. Dotées d'une économie moderne, d'une importante capacité militaire, d'une agriculture riche et de matières premières abondantes, ces régions sont utiles à l'autarcie allemande.

COURS 6
Vers la Seconde Guerre mondiale

■ Ainsi **Hitler**, après avoir réuni au IIIe Reich les populations d'origine allemande, conquiert en Europe de l'Est ce qu'il appelle « **l'espace vital** » dont, dit-il, les Allemands ont besoin.

Les coups de force d'Hitler (1936-1939)

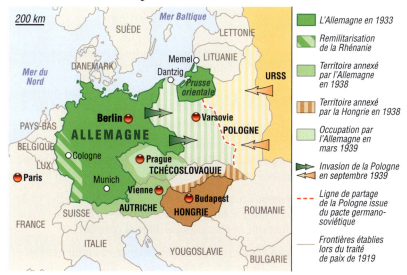

DÉFINITIONS

■ *Anschluss* (mot allemand signifiant « réunion ») : ce terme désigne la réunion en un seul État de l'Allemagne et de l'Autriche, réalisée en 1938 par Hitler.

■ **Axe Rome-Berlin :** accord signé en 1936 par l'Italie et l'Allemagne, ainsi dénommé par Mussolini au cours d'un discours.

■ **Brigades internationales :** nom que portent les unités formées de volontaires venus du monde entier pour défendre la République espagnole pendant la guerre d'Espagne (1936-1939).

■ **Espace vital :** territoire dont les nazis revendiquaient la conquête et l'exploitation, étant donné l'augmentation de leur population sur le sol national. Hitler situait ces territoires à l'est de l'Allemagne.

■ **Komintern :** Internationale communiste qui réunit les représentants de tous les partis communistes. Elle est fondée à Moscou en 1919 et très vite le parti communiste soviétique domine.

■ **Pacte anti-Komintern :** pacte signé en 1936 par l'Allemagne et le Japon pour arrêter la progression des communistes. D'autres pays, comme l'Italie, la Bulgarie, la Hongrie, y adhèrent plus tard.

■ **Pacte d'acier :** alliance militaire entre l'Allemagne et l'Italie (1939).

■ **Phalange :** parti fasciste espagnol fondé en 1933 par Primo de Rivera. Ce parti est le seul autorisé à partir de 1939, quand Franco devient « el Caudillo », c'est-à-dire le « chef ».

EXERCICES & SUJETS

QUESTIONS DE COURS ▶ corrigé p. 57

1 En quoi la crise économique qui frappe l'Europe et le monde à partir de 1930 peut-elle constituer une menace pour la paix ?

2 Quelles alliances les puissances totalitaires concluent-elles entre elles ?

3 Comment les démocraties libérales et la SDN réagissent-elles à ces différentes agressions ?

4 Pourquoi l'Espagne peut-elle être pour Hitler un lieu d'expérimentation de ses nouvelles méthodes de combat ? Que se passe-t-il à Guernica le 26 avril 1937 ?

5 Qui sont les Sudètes ? Dans quels pays se trouvent-ils ? Pourquoi Hitler réclame-t-il leur annexion ?

6 Pourquoi une conférence internationale se réunit-elle à Munich ? Quel est le résultat de cette conférence ?

BREVET — Épreuve d'histoire ▶ corrigé p. 57

La politique extérieure d'Hitler (1936-1939)

DOCUMENT 1 — Hitler et « l'espace vital »

« Si nous ne réussissons pas à faire de la Wehrmacht la première armée du monde par son instruction, la mise sur pied des unités, l'équipement, et surtout l'éducation spirituelle – et ce dans les meilleurs délais – l'Allemagne est perdue ! Nous sommes surpeuplés et ne pouvons pas subsister sur notre propre sol. […] La solution définitive réside en un élargissement de l'espace vital, source de matières premières et de la subsistance de notre peuple. Il est du devoir de la direction politique de résoudre un jour ce problème… »

Hitler, *Mémoire secret*, 1936.

DOCUMENT 2 **Hitler et la guerre d'Espagne**

«Avec la permission du *Führer*, j'envoyai là-bas (en Espagne) une grande partie de ma flotte de transport et d'importantes quantités d'avions de chasse, de bombardiers et de canons anti-aériens. De cette manière, j'eus l'occasion de m'assurer, dans des conditions de combats réelles, que le matériel était à la hauteur de sa tâche. Afin que le personnel pût lui aussi acquérir une certaine expérience, je veillai à ce qu'il s'établît un courant continuel entre les deux pays afin que de nouveaux hommes fussent sans cesse envoyés là-bas et les autres rappelés.»

Maréchal H. Goering, au procès de Nuremberg, 1945.

QUESTIONS

Document 1
1. Au nom de quel principe Hitler veut-il agrandir le territoire allemand ? Quel doit être l'instrument de cet agrandissement ?

Document 2
2. Quel intérêt l'Allemagne trouve-t-elle, selon Goering, à intervenir en Espagne ?

PARAGRAPHE ARGUMENTÉ

3. Rédigez un texte d'une vingtaine de lignes dans lequel vous décrirez la politique extérieure d'Hitler et ses «coups de force» successifs conduisant à la Seconde Guerre mondiale.

CORRIGÉS

Vers la Seconde Guerre mondiale

QUESTIONS DE COURS

1 La crise économique qui frappe l'Europe et le monde à partir de 1930 peut constituer une **menace pour la paix** car les États se referment sur eux-mêmes pratiquant une politique protectionniste. Le chômage pousse les travailleurs à se tourner vers des partis extrémistes, surtout le parti nazi en Allemagne opposé au traité de Versailles.

2 Les puissances totalitaires (Allemagne, Italie) constituent entre elles une alliance, **l'Axe Rome-Berlin**, puis avec le Japon, un **pacte anti-Komintern**.

3 Les démocraties libérales (France, Royaume-Uni) et la SDN réagissent par la **passivité**. À Munich, elles acceptent les coups de force d'Hitler.

4 Hitler peut se servir de l'Espagne comme lieu d'expérimentation car **Franco** reçoit l'aide militaire de l'Allemagne et de l'Italie dans sa **lutte contre les Républicains**. Le 26 avril 1937, la petite ville basque de Guernica est **bombardée par l'aviation allemande**.

5 Les Sudètes sont une **population parlant allemand** et installée en **Tchécoslovaquie**. Hitler réclame leur rattachement à l'Allemagne pour cette **raison de langue et d'origine** de cette population.

6 La conférence de Munich en septembre 1938 veut **mettre un terme aux ambitions d'Hitler**. En fait, elle consent, malgré l'opposition de la Tchécoslovaquie, à l'**annexion des Sudètes par Hitler**, croyant par là sauver la paix et arrêter les agressions d'Hitler.

BREVET — Épreuve d'histoire

QUESTION 1

Hitler veut agrandir le territoire allemand au nom du principe d'«**espace vital**» ainsi défini par lui: «Nous sommes surpeuplés et ne pouvons subsister sur notre propre sol». L'instrument de cet agrandissement doit être **l'armée, la Wehrmacht**, dont il faut faire «la première armée du monde».

QUESTION 2

Les interventions allemandes en Espagne doivent être, selon Goering, une façon de **tester le matériel militaire** et de **faire acquérir au personnel une certaine expérience au combat**.

PARAGRAPHE ARGUMENTÉ 3

La politique extérieure d'Hitler et ses coups de force

Dès son arrivée au pouvoir, Hitler entreprend de réparer l'humiliation du «diktat» de Versailles. Il réarme l'Allemagne, quitte la SDN, rétablit le service militaire (1935) et remilitarise la Rhénanie (1936).

Hitler veut réaliser une grande Allemagne dans laquelle seraient rassemblés tous les peuples de langue allemande. La conquête des territoires situés à l'est de l'Allemagne est selon lui indispensable au développement économique du pays. C'est ce qu'il nomme la conquête de «l'espace vital».

À partir de 1938, Hitler passe à la réalisation de ses projets par ce que l'on appelle des «coups de force».

- **En mars 1938, il annexe l'Autriche**, en imposant dans le gouvernement de Vienne la présence de nazis autrichiens. L'armée allemande occupe l'Autriche, les opposants sont arrêtés et le rattachement de l'Autriche à l'Allemagne (*Anschluss*) est ratifié par les Autrichiens.

- **En septembre** de la même année, **Hitler revendique le territoire des Sudètes**, province limitrophe et germanophone de Tchécoslovaquie. Lors de la conférence de Munich, pour préserver la paix, la France et le Royaume-Uni acceptent l'annexion des Sudètes par l'Allemagne. Profitant de la passivité des démocraties, Hitler occupe le reste de la Tchécoslovaquie (mars 1939).

- **Le dernier coup de force d'Hitler concerne la Pologne**. Après avoir revendiqué la ville libre de Dantzig, Hitler attaque la Pologne le 1er septembre 1939. C'est le début de la Seconde Guerre mondiale.

7 La Seconde Guerre mondiale

🎧 www.prepabrevet.com

1 Les victoires des armées allemandes (1939-1942)

■ Le 1er septembre 1939, sans déclaration de guerre, **les troupes allemandes envahissent la Pologne.** Le 3 septembre, la Grande-Bretagne puis la France déclarent la guerre à l'Allemagne.

■ **L'Allemagne mène une «guerre éclair»** grâce à la puissance de ses chars et de son aviation. Pendant qu'elle écrase la Pologne (Varsovie capitule le 27 septembre 1939), les Français attendent derrière la ligne Maginot ; c'est la «drôle de guerre». Après les Pays-Bas et la Belgique, la France est à son tour écrasée (mai-juin 1940). **Le maréchal Pétain signe l'armistice le 22 juin 1940 à Rethondes.**

■ **La guerre devient mondiale. La Grande-Bretagne continue la guerre.** Les bombardements allemands n'entament pas la résistance anglaise. **Les Allemands débarquent en Libye** pour aider Mussolini à couper la route de Suez aux Anglais. En juin 1941, après la rupture du pacte germano-soviétique, **Hitler envahit l'URSS.** L'Armée rouge est submergée, mais l'hiver arrête les offensives allemandes. Le **7 décembre 1941**, l'aviation japonaise détruit la flotte américaine à **Pearl Harbor**, déclenchant **l'entrée en guerre des États-Unis.**

2 La domination nazie en Europe

■ Pour faire tourner l'énorme machine de guerre nazie, **l'Allemagne exploite de façon intensive l'Europe** ; les pays occupés sont tous pillés.

■ Pour maintenir les vaincus sous leur domination, **les nazis les terrorisent**. Tout opposant ou résistant risque la torture, l'exécution ou la déportation dans les camps en Allemagne.

■ **À la déportation s'ajoute le génocide. Les Juifs sont les premières et les plus nombreuses victimes** de la terreur nazie. Cinq millions d'entre eux périssent. D'abord enfermés dans des «ghettos», ils sont conduits dans les camps d'extermination ou «camps de la mort». C'est «la solution finale» décidée par Hitler, la «Shoah». Aux Juifs s'ajoutent les Tziganes, les «asociaux», les détenus politiques, les résistants.

■ **Dans tous les pays occupés, des mouvements de résistance se développent.**

3 La victoire des Alliés (1942-1945)

■ Dès **1942**, les **Alliés** remportent **d'importantes victoires**.

• Dans le **Pacifique**, victoire américaine sur le Japon à Midway (juin 1942).

• En **Afrique**, victoire britannique sur les Allemands à El Alamein (octobre 1942).

• À **Stalingrad**, l'Armée rouge repousse les armées allemandes (février 1943).

■ **L'Europe est libérée à la suite de plusieurs débarquements.** Le 6 juin 1944, les Alliés débarquent en Normandie. Paris se soulève et est libéré par le général Leclerc le 25 août. **L'Armée rouge libère l'URSS et l'est de l'Europe. L'Allemagne capitule le 8 mai 1945.**

■ **Les 6 et 9 août 1945, les villes japonaises de Hiroshima et de Nagasaki sont détruites par deux bombes atomiques lancées par les États-Unis.** Le Japon capitule le 2 septembre 1945.

COURS 7
La Seconde Guerre mondiale

DÉFINITIONS

■ *Blitzkrieg* : terme allemand signifiant « guerre éclair ».

■ **Décret « Nacht und Nebel » (Nuit et Brouillard) :** décret signé en 1941 par Keitel, condamnant à la déportation tout opposant ou ennemi de la domination allemande, avec la volonté de cacher à l'opinion et à la famille ce que devenait le déporté. Ce système a pour but d'instituer la terreur.

■ **Ghetto :** quartier réservé aux Juifs, dans de nombreuses villes d'Europe centrale, depuis le Moyen Âge. Par extension, quartier délimité où la résidence surveillée coupe les habitants de tout contact avec l'extérieur.

■ **Ligne Maginot :** ensemble de fortifications sur la frontière franco-allemande, du nom du ministre français de la Guerre qui en fut l'initiateur.

■ **Luftwaffe :** armée de l'air allemande.

■ **Marché noir :** en période de restriction, vente de produits rares à des prix très élevés. Cette vente se fait clandestinement.

■ *Panzer* : mot allemand qui signifie « blindé ».

■ **Partisan :** combattant volontaire de la Résistance, d'obédience communiste, et n'appartenant pas à une armée régulière. Équivalent de « maquisard ». En 1944, ils sont 220 000 en URSS et 250 000 en Yougoslavie.

■ **RAF :** Royal Air Force, armée de l'air britannique.

■ **Shoah :** nom hébreu signifiant « catastrophe », et servant à désigner l'extermination des Juifs d'Europe par les nazis.

■ **Wehrmacht :** forces armées allemandes. Ce nom a été donné par Hitler à l'ensemble des forces militaires (terre, mer, air).

EXERCICES & SUJETS

QUESTIONS DE COURS ▶ corrigé p. 65

1 Quel événement déclenche la guerre en Europe le 1er septembre 1939 ?

2 En quoi la stratégie allemande diffère-t-elle de la stratégie française ?

3 Qu'appelle-t-on la « drôle de guerre » ?

4 Comment l'Allemagne exploite-t-elle les pays qu'elle occupe ? Qu'est-ce que cette exploitation entraîne pour les habitants de ces pays ?

5 Qu'appelle-t-on « solution finale » ? Contre qui était-elle dirigée ?

6 À partir de 1942, quels sont les différents fronts sur lesquels l'Allemagne est assiégée ?

7 Quand et comment la France est-elle progressivement libérée ?

8 Quels événements provoquent la capitulation du Japon le 2 septembre 1945 ?

BREVET — Épreuve d'histoire ▶ corrigé p. 65

Racisme et génocide dans la politique nazie en Europe pendant la Seconde Guerre mondiale

DOCUMENT 1

« Je vous demande avec insistance d'écouter simplement ce que je dis ici en petit comité et de ne jamais en parler. La question suivante nous a été posée : "Que fait-on des femmes et des enfants ?" Je me suis décidé et j'ai trouvé là aussi une solution évidente. Je ne me sentais en effet pas le droit d'exterminer les hommes – dites, si vous voulez, de les tuer ou de les faire tuer – et de laisser grandir les enfants qui se vengeraient sur nos enfants et nos descendants. Il a fallu prendre la grave décision de faire disparaître ce peuple de la terre. Ce fut pour l'organisation qui dut accomplir cette tâche la chose la plus dure qu'elle ait connue. Je crois pouvoir dire que cela a été accompli sans que nos hommes ni nos officiers en aient souffert dans leur cœur ou dans leur âme. »

Discours d'**Himmler** en 1943 devant les responsables du parti nazi.

DOCUMENT 2a

« Ils étaient vingt et cent, ils étaient des milliers.
Nus et maigres, tremblants, dans ces wagons plombés.
Qui déchiraient la nuit de leurs ongles battants.
Ils étaient des milliers, ils étaient vingt et cent.

Ils n'arrivaient pas tous à la fin du voyage.
Ceux qui sont revenus peuvent-ils être heureux ?
Ils essaient d'oublier, étonnés qu'à leur âge
Les veines de leurs bras soient devenues si bleues.

Les Allemands guettaient du haut des miradors.
La lune se taisait comme vous vous taisiez.
En regardant au loin, en regardant dehors.
Votre chair était tendre à leurs chiens policiers. »

Jean Ferrat, *Nuit et brouillard*.

DOCUMENT 2b

« Aux confins de Pologne, existe une géhenne
Dont le nom siffle et souffle une affreuse chanson
Auschwitz, Auschwitz ! Ô syllabes sanglantes !
Ici l'on vit, ici l'on meurt à petit feu
On appelle cela l'exécution lente.
Une part de nos cœurs y périt peu à peu. »

Louis Aragon, *Le Musée Grévin*, Éditions de Minuit, 1943.

DOCUMENT 3   **Les camps de la déportation**

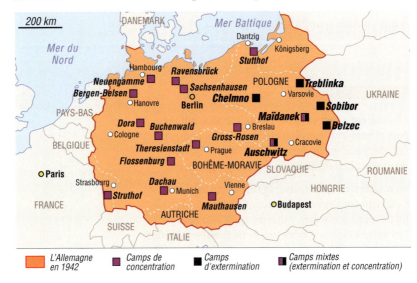

QUESTIONS

Document 1

1. À quel principe de la doctrine nazie ce discours renvoie-t-il? Peut-il y avoir, selon Himmler, des exceptions dans «la solution finale» mise en place par le régime nazi à partir de 1942? Pourquoi?

Documents 2a et 2b

2. Qu'est-ce que ces deux textes ont en commun? Qu'évoquent-ils?

Document 3

3. Dans quelle partie de la nouvelle Allemagne les camps d'extermination sont-ils situés? Y a-t-il des camps de déportation en France?

PARAGRAPHE ARGUMENTÉ

4. Rédigez un texte d'une vingtaine de lignes dans lequel vous montrerez comment Hitler et les nazis ont mené une politique raciale et plus spécialement à l'égard des Juifs.

CORRIGÉS

QUESTIONS DE COURS

1 Le 1er septembre 1939, la guerre est déclenchée après l'**invasion de la Pologne par l'Allemagne**.

2 En 1939, la tactique de l'armée allemande est celle de l'**offensive**, de la « guerre éclair » appelée « Blitzkrieg » alors que les Alliés, France et Royaume-Uni, adoptent une stratégie défensive, les armées restant abritées derrière la ligne Maginot dans l'attente des armées allemandes.

3 La « drôle de guerre » est cette **guerre défensive**, où on n'attaque pas, où rien ne se passe.

4 Les pays occupés par l'Allemagne sont soumis aux **frais d'occupation de l'armée allemande**, aux **réquisitions des matières premières et alimentaires**. Cela entraîne pour les pays occupés d'**importants manques et pénuries de toutes sortes**.

5 La « solution finale », prônée par Hitler, consiste en l'**extermination totale des Juifs d'Europe**.

6 À partir de 1942, les armées allemandes sont assiégées sur le **front occidental** mais aussi sur le **front oriental** ou l'armée russe résiste à Stalingrad. En Afrique du Nord, les armées de l'Axe sont battues à **El Alamein** par les Anglais.

7 La France est progressivement libérée à partir de 1944 avec les **débarquements des Alliés en Normandie et en Provence**, aidés à l'**intérieur de la France par la Résistance et les FFI** (Forces françaises de l'intérieur). En août 1944, **Paris** est libéré par les **résistants et l'armée du général Leclerc**.

8 La capitulation du Japon le 2 septembre 1945 est obtenue après le **bombardement et la destruction**, par deux bombes atomiques américaines, des villes **d'Hiroshima et de Nagasaki**.

BREVET — Épreuve d'histoire

QUESTION 1

Ce discours d'Himmler renvoie à la doctrine **antisémite**, à la **volonté de destruction du peuple juif par la «solution finale»**, par l'**élimination** totale ; celle-ci ne peut souffrir **aucune exception**, elle concerne les hommes mais **aussi « les femmes et les enfants »**.

QUESTION 2

Ces deux textes renvoient à la **déportation vers les camps d'extermination** comme Auschwitz.

QUESTION 3

Les camps d'extermination sont essentiellement situés dans la **partie orientale** de l'Allemagne, **la Pologne actuelle**. Il existait en France un camp de concentration, celui de **Struthof**.

PARAGRAPHE ARGUMENTÉ 4

La politique raciale d'Hitler

Les **Juifs** sont les premières victimes de l'application de l'**idéologie raciste d'Hitler**. En juin **1933**, les magasins juifs sont boycottés et les premières **déportations** vers les camps commencent. En **1935**, les **lois de Nuremberg** interdisent tout mariage entre Juifs et citoyens de « sang allemand », retirent aux Juifs le droit de vote et rendent le port de l'étoile jaune obligatoire. En **1938**, on interdit aux Juifs d'exploiter un commerce ou une entreprise, et, dans la nuit du 9 au 10 novembre, ils subissent des violences : c'est la « **Nuit de cristal** ».

Les nazis ont mené, dans l'Europe qu'ils dominent, **à partir de 1939**, une politique **d'extermination**. En **1942**, Hitler décide la **« solution finale »** pour les Juifs mais aussi pour les Tziganes. Un **génocide** est systématiquement organisé. Aux **camps de concentration** qui existaient avant la guerre s'ajoutent des **camps de la mort**, des camps d'extermination, comme ceux de **Treblinka** et d'**Auschwitz**. Là, les **chambres à gaz** sont utilisées pour tuer massivement et rapidement. **Cinq millions de Juifs** sont ainsi victimes de cet **holocauste**. Au total, plus de dix millions d'êtres humains disparaissent.

Même pour cette extermination, les nazis trouvent des **complicités**. En **France**, la rafle du Vélodrome d'hiver du 16 juillet 1942 est exécutée par des policiers français. Déjà, en octobre 1940, les **autorités de Vichy** avaient adopté un statut des Juifs pour la France avant que cette mesure ne soit imposée par les Allemands.

8 La France dans la Seconde Guerre mondiale

1 La France de Vichy

■ Après **la signature de l'armistice par le maréchal Pétain, le 22 juin 1940, la France est coupée par la ligne de démarcation** : au nord de cette ligne, la zone occupée, au sud, la zone dite libre. C'est là que s'installe le gouvernement de Vichy. Le 10 juillet, Pétain obtient de l'Assemblée nationale les pleins pouvoirs et devient le chef de l'État français.

■ Le régime mis en place par Pétain prône la « **Révolution nationale** », c'est-à-dire le retour aux **valeurs traditionnelles**. La France a une nouvelle devise : « Travail, famille, patrie ».

■ Le régime veut instaurer une **nouvelle société**. Une politique sociale est conduite dans le cadre du « **code de la famille** » : allocation de la mère au foyer, prime à la naissance, loi contre l'avortement. **Les grèves sont interdites, les syndicats sont supprimés** ; une **politique d'épuration** est conduite contre les socialistes, les communistes, les Juifs.

2 Le gouvernement de Vichy collabore avec l'Allemagne

■ Après l'**entrevue de Montoire** entre Hitler et Pétain (24 octobre 1940), celui-ci annonce sa « collaboration » avec l'Allemagne. Cette **collaboration** prend différentes formes.

- Collaboration **politique** : les textes de lois sont contrôlés par le Reich ; la police française est au service de l'occupant.
- Collaboration **économique** : Vichy paie des indemnités d'occupation et met en place le STO (Service du travail obligatoire).
- Collaboration **militaire et policière** : la « Légion des volontaires français » combat dans l'armée allemande, et la Milice aide les Allemands dans leur lutte contre les résistants.

3 La France sous l'Occupation

■ **La vie quotidienne** est souvent difficile. Les Français vivent dans la peur (contrôles, représailles) et sont soumis au rationnement, ce qui donne souvent lieu au « **marché noir** ».

■ **La France, comme le reste de l'Europe, est exploitée par Hitler** : celui-ci s'approprie 15 % de la production totale de blé, 20 % de la viande, 40 % de la fonte. Il exige 300 millions de francs par jour à partir de novembre 1942 pour l'entretien des armées d'occupation.

■ **Des Français résistent** : la résistance s'organise en France dans différents mouvements (Combat, Francs-Tireurs, Libération Nord, Libération Sud…) et agit par le renseignement, la propagande, les attentats, les combats dans le maquis. **À partir de 1943**, la Résistance s'unifie grâce à **Jean Moulin** qui crée le **Conseil national de la Résistance** (CNR). À **Londres**, autour du général **de Gaulle**, se forme la France libre. De Gaulle y affirme l'indépendance de la France et communique avec les Français par la radio anglaise (BBC).

4 La France se libère

■ Les **Forces françaises de l'intérieur (FFI)** apportent leur aide aux Alliés après le débarquement en Normandie. Elles participent au soulèvement de Paris du 19 août au 25 août 1944.

■ **La République est restaurée** ; le général **de Gaulle** préside le **Gouvernement provisoire**.

COURS 8
La France dans la Seconde Guerre mondiale

DÉFINITIONS

■ **Collaboration :** ce mot, prononcé d'abord par le maréchal Pétain en octobre 1940, a pris le sens d'une soumission aux exigences du vainqueur et à son système d'oppression.

■ **FFI :** Forces françaises de l'intérieur. Nom donné à l'organisation des résistants après leur réunion sous l'égide du Conseil national de la Résistance. Ils sont environ 220 000 en 1944.

■ **FFL :** Forces françaises libres. 7 000 en juillet 1940, 70 000 en 1942, 300 000 en 1944. Ce sont les forces armées françaises qui se sont ralliées au « gouvernement » de Londres et qui débarquent avec les Alliés en 1944.

■ **France libre :** expression par laquelle les Français, regroupés à Londres autour de de Gaulle, se nomment et veulent affirmer leur rupture avec le gouvernement de Vichy qui a signé l'armistice et placé ainsi la France sous la domination ennemie.

■ **FTPF :** Francs-Tireurs et Partisans français. C'est le nom donné à un groupe de résistants communistes durant la Seconde Guerre mondiale.

■ **Maquis :** groupe de résistants opérant contre l'ennemi dans des régions souvent difficiles d'accès.

■ **Milice :** mouvement d'inspiration fasciste créé par J. Darnand, qui servit à traquer les maquisards français de la Résistance.

■ **Révolution nationale :** expression forgée par le gouvernement de Vichy pour faire croire qu'il voulait réaliser de profonds changements dans la société, en s'inspirant de « valeurs » prétendument « françaises » : « Travail, famille, patrie ».

EXERCICES & SUJETS

QUESTIONS DE COURS ▶ corrigé p. 73

1 Qu'appelle-t-on la « zone libre » ? Quand est-elle mise en place ?

2 Comment Pétain instaure-t-il un régime autoritaire ? Quelle est la devise de ce régime ? Qu'appelle-t-on la « Révolution nationale » ?

3 À partir de quand le gouvernement de Vichy collabore-t-il avec l'Allemagne ? Donner un exemple de cette collaboration.

4 Comment la Résistance s'organise-t-elle en France ? Quelles sont les activités des résistants ?

5 Quelles conséquences l'Occupation a-t-elle sur la vie quotidienne des Français ?

6 Quelles sont les forces françaises qui participent à la libération du territoire français ?

BREVET — Épreuve d'histoire ▶ corrigé p. 73

Résister ou collaborer

DOCUMENT 1   **Le général de Gaulle lance son appel au micro de la BBC, à Londres**

ph © Keystone

EXERCICES & SUJETS

La France dans la Seconde Guerre mondiale

DOCUMENT 2 — **Message du maréchal Pétain sur les ondes de Radio-Vichy, le 30 octobre 1940**

Français !

J'ai rencontré, jeudi dernier, le chancelier du Reich. […] Je vous dois à ce sujet quelques explications […] C'est dans l'honneur et pour maintenir l'unité française […] que j'entre aujourd'hui dans la voie de la collaboration. […] Cette collaboration doit être sincère […] La France est tenue par des obligations nombreuses vis-à-vis du vainqueur. Cette politique est la mienne. Les ministres ne sont responsables que devant moi […] Je vous tiens aujourd'hui le langage du chef. Suivez-moi.

DOCUMENT 3 — **Extrait d'une affiche placardée dans le Vercors en juillet 1944**

République française,

Liberté – Égalité – Fraternité

Le 3 juillet 1944, la République française a été officiellement restaurée dans le Vercors*. À dater de ce jour les décrets de Vichy sont abolis et toutes les lois républicaines remises en vigueur […] Notre région est en état de siège. Le Comité de Libération nationale demande donc à la population de faire l'impossible, comme il le fera lui-même, pour mettre à la disposition du Commandement militaire qui a la charge écrasante de nous protéger contre un ennemi toujours aussi barbare, tous les moyens dont il dispose.

---

* Région montagneuse près de Grenoble où s'est développé depuis 1943 un des plus grands maquis de France.

QUESTIONS

Documents 1, 2 et 3

1. Après avoir précisé la date du document 1, situez ces trois documents par rapport au déroulement de la Deuxième Guerre mondiale. Depuis quel pays Pétain et de Gaulle adressent-ils leur message ?

Document 2

2. Dans ce document par quel nom Pétain désigne-t-il la politique qu'il va mener avec l'Allemagne ?
Citez une expression du texte qui montre que la France n'est plus en république.

Documents 1, 2 et 3

3. Le document 3 illustre un des deux choix exprimés par les documents 1 et 2. Lequel ? D'après cette affiche, placardée en 1944, montrez ce que signifie la libération de la France.

PARAGRAPHE ARGUMENTÉ

4. À l'aide des documents et de vos connaissances, rédigez un paragraphe argumenté d'une vingtaine de lignes sur les choix des Français de l'armistice à la Libération.

CORRIGÉS

8 — La France dans la Seconde Guerre mondiale

QUESTIONS DE COURS

1 **Après la signature de l'armistice, le 22 juin 1940**, la France est coupée en deux parties par la ligne de démarcation. La partie sud de cette ligne est appelée la «**zone libre**». C'est là que se trouve le gouvernement de Vichy.

2 Pétain instaure un régime autoritaire. Il obtient de l'Assemblée nationale les pleins pouvoirs et devient le **chef de l'État français**. La devise du régime de Vichy est: «**Travail, famille, patrie**». La «Révolution nationale» est le **retour aux valeurs traditionnelles**.

3 Le gouvernement de Vichy collabore avec l'Allemagne à partir de l'**entrevue de Montoire** entre Hitler et Pétain, **le 24 octobre 1940**. Ainsi, la police française est au service de l'occupant, c'est-à-dire de l'Allemagne.

4 La Résistance s'organise en France dans divers mouvements: **Combat, Francs-tireurs**… et agit par le **renseignement**, la **propagande**, les **attentats** et les **combats dans le maquis**.

5 La vie quotidienne des Français pendant l'Occupation est **difficile**. Ils vivent dans la **peur des contrôles et des représailles** et sont **soumis au rationnement**.

6 Les **Forces françaises de l'intérieur (FFI)** apportent leur aide aux Alliés après leur débarquement en Normandie. Elles participent avec la **division FFL du général Leclerc** au soulèvement et à la libération de Paris en août 1944.

BREVET — Épreuve d'histoire

QUESTION 1

C'est le **18 juin 1940** que le général de Gaulle lance son appel à la résistance au micro de la BBC, à **Londres**. Le **document 1** qui illustre cet appel du général de Gaulle se situe **après l'invasion de la France par l'Allemagne et l'arrivée au pouvoir du maréchal Pétain** qui est favorable à l'armistice.

Le message du maréchal Pétain (**document 2**), daté du 30 octobre 1940, transmis par Radio-Vichy, est donc **lancé à partir de la France**. Il se situe plusieurs mois **après la signature de l'armistice (22 juin 1940)**. La **France est alors coupée en deux zones**, la zone dite libre et la zone occupée.

Le **document 3** qui est une affiche placardée en juillet 1944 se situe **après le débarquement des Alliés en Normandie et pendant la libération du territoire français**. Le général de Gaulle a alors mis fin au gouvernement de Vichy.

QUESTION 2

Pétain désigne la politique qu'il va mener avec l'Allemagne par le mot de «**collaboration**». La France n'est plus alors en république. **«Les ministres ne sont responsables que devant moi […] », dit Pétain**.

QUESTION 3

Le document 3 illustre le choix de **la résistance chez certains Français** qui ont permis la libération de la France de la domination nazie. Cette libération signifie que **la France est** à nouveau **en république**, qu'elle a retrouvé les valeurs fondamentales de liberté, d'égalité et de fraternité et que les décrets mis en place par Vichy sont abolis.

PARAGRAPHE ARGUMENTÉ 4

Le choix des Français, de l'armistice à la Libération : collaborer ou résister

La présence allemande **sur le sol français à partir de juin 1940** entraîne deux réactions opposées : **collaborer ou résister**.

La collaboration est le fait du régime de Vichy. Le terme même est employé par Pétain après son entrevue avec Hitler à Montoire en octobre 1940. Cette collaboration s'exprime de différentes façons. **Vichy accepte les réquisitions** et les lourdes indemnités de guerre imposées par l'Allemagne. En 1942, il fait appel aux volontaires pour aller travailler en Allemagne et **met en place le STO. Il livre aux Allemands les opposants au nazisme et mène une politique antisémite dès 1940**. En juillet 1942, la police française **participe à la rafle du Vél'd'hiv'** qui aboutit à la déportation de milliers de Juifs dans les camps de la mort. Certains Français participent à cette collaboration de l'État et travaillent volontairement pour l'Allemagne. D'autres vont plus loin et s'engagent dans la **Légion des volontaires français** qui combat aux côtés des Allemands ou dans **la Milice** qui arrête les résistants ou les Juifs.

À l'opposé, il y a **des Français qui résistent**. Dès juin 1940, après l'appel lancé par **de Gaulle**, ils rejettent l'idée de la défaite et partent pour Londres. Ils ont donc une attitude contraire à celle du gouvernement de Vichy. Regroupés dans **les FFL** (Forces françaises libres), ils participent aux combats aux côtés des Britanniques. **En France, la Résistance progresse surtout à partir de 1941**, avec l'arrivée des communistes, et en 1943 elle s'unifie grâce à **Jean Moulin qui crée le CNR**. Les formes de résistance évoluent. À la transmission de renseignements, à la distribution de tracts et de journaux, s'ajoutent les sabotages, les opérations armées et les attentats contre les armées allemandes et la Milice. **Les résistants prennent souvent de grands risques** et, dénoncés, ils sont arrêtés, emprisonnés, torturés, déportés ou exécutés.

À la Libération, en 1944, les maquis se soulèvent et harcèlent l'armée allemande. La **participation active des FFI et des FFL** permet à la France de faire partie des puissances vainqueurs du Reich, le 8 mai 1945.

9 Le monde en 1945

www.prepabrevet.com

1 L'Europe sort très affaiblie de la guerre

■ **La guerre se termine sur un bilan désastreux : de 55 à 60 millions de morts** ; parmi eux, il y a beaucoup de civils tués lors des bombardements et des actions de résistance ; la pénurie et les restrictions alimentaires ont accentué la mortalité. **Les destructions matérielles sont considérables et les esprits choqués.** On découvre l'ampleur du génocide dont ont été victimes les Juifs. Les atrocités nazies sont dénoncées au procès de Nuremberg (1945-1946), où les principaux criminels de guerre sont condamnés à mort.

■ **La nouvelle carte de l'Europe entraîne d'importants déplacements de population** : 13 millions d'Allemands sont expulsés des territoires orientaux reconquis par la Pologne qui avance sa frontière vers l'ouest, le long des fleuves Oder et Neisse.

2 Deux puissances se détachent

Deux puissances dominent le monde à l'issue de la Seconde Guerre mondiale...

■ Jusqu'au début de 1945, **les trois principaux vainqueurs**, États-Unis, URSS, Grande-Bretagne, s'entendent car ils ont besoin les uns des autres. **À Yalta, en février 1945**, puis à Potsdam (juillet-août 1945), ils décident du sort de l'Allemagne et de la renaissance de la Pologne. L'URSS avance ses frontières vers l'ouest.

COURS 9
Le monde en 1945

■ **La paix est incomplète**. Aucun traité n'est signé avec l'**Allemagne**; celle-ci est **occupée** à l'ouest par les Américains, les Britanniques et les Français, et à l'est par les Soviétiques.

■ Dès 1945 apparaît la **domination sur le monde de deux grandes puissances**. L'une, les **États-Unis**, renforce sa puissance économique et financière et possède l'arme atomique. Au printemps 1947, elle lance le **plan Marshall**. L'autre, l'**URSS**, s'est **agrandie** et a renforcé sa domination politique. Le communisme s'étend sur près de la **moitié de l'Europe**. Des gouvernements, dominés par les communistes, s'installent dans les territoires occupés par les troupes soviétiques.

3 L'Organisation des Nations unies

L'Organisation des Nations unies (ONU) est créée en 1945 pour assurer la paix…

■ Le siège de l'**ONU** est à **New York**. Chaque pays représenté dispose d'une voix à l'Assemblée générale.

■ **Le Conseil de sécurité**, sorte de gouvernement de l'ONU, est composé des **cinq grands vainqueurs**, l'URSS, les États-Unis, la Grande-Bretagne, la Chine et la France. Aucune décision ne peut être prise sans l'accord de chacun d'entre eux: l'unanimité est requise.

■ Un **Secrétaire général** dirige l'Organisation.

■ Des **institutions spécialisées** s'occupent de la santé (**OMS**), de l'éducation, des sciences et de la culture (**UNESCO**), de l'alimentation et de l'agriculture (**FAO**).

DÉFINITIONS

■ **Marshall :** général américain devenu secrétaire d'État, c'est-à-dire ministre du Président Truman. Il propose, en juin 1947, une aide économique (le plan Marshall) à toute l'Europe. Les États-Unis préfèrent voir les États européens se redresser rapidement afin de constituer à nouveau des débouchés pour l'économie américaine et se présenter comme des alliés solides face à l'expansion soviétique. Les pays occidentaux acceptent ; l'URSS refuse, ainsi que les États qu'elle occupe.

■ **Potsdam :** quartier de Berlin où se tient une nouvelle conférence en juillet 1945. Les États-Unis y sont représentés par Truman (Roosevelt est mort le 12 avril 1945). On y prévoit le partage de l'Allemagne en 4 zones d'occupation, le démantèlement des usines, la destruction des cartels.

■ **Yalta :** station balnéaire sur la mer Noire, en URSS, où se sont réunis du **4 au 11 février 1945**, les trois grands vainqueurs de la Seconde Guerre mondiale : **Churchill, Roosevelt et Staline**. Les trois participants se mettent d'accord sur l'occupation de l'Allemagne, sur les nouvelles frontières de la Pologne et de l'URSS, formulent le désir de voir se prolonger leur association dans l'Organisation des Nations unies (ONU). L'URSS annexe les États baltes et repousse plus à l'ouest sa frontière avec la Pologne.

EXERCICES & SUJETS

QUESTIONS DE COURS ▶ corrigé p. 81

1 Pourquoi peut-on dire que le bilan de la Seconde Guerre mondiale est lourd et pourquoi l'est-il surtout en Europe ?

2 Pourquoi y a-t-il presque autant de civils que de militaires parmi les morts de la guerre ?

3 Quelles sont les deux grandes puissances dominatrices à la fin de la Seconde Guerre mondiale ? Quelles sont, pour chacune d'elles, les raisons de leur domination ?

4 Qui assistaient à la conférence de Yalta ? Quelles sont les principales décisions prises concernant l'Allemagne et les frontières entre l'URSS et la Pologne ?

5 Qu'appelle-t-on le plan Marshall ? Pourquoi peut-on dire que ce plan accentue la division de l'Europe en deux blocs ? (Se reporter aux définitions qui précèdent.)

6 Quelle organisation internationale est créée après la Seconde Guerre mondiale pour maintenir la paix ? Où siège-t-elle ? Quels sont ses grands objectifs ? Comment est-elle organisée et comment fonctionne-t-elle ?

BREVET — Épreuve d'histoire ▶ corrigé p. 81

Bilan humain et matériel de la Seconde Guerre mondiale

DOCUMENT 1   **Un avenir inquiétant**

« Le monde est ce qu'il est, c'est-à-dire peu de chose. C'est ce que chacun sait depuis hier grâce au formidable concert que la radio, les journaux et les agences d'information viennent de déclencher au sujet de la bombe atomique. On nous apprend, en effet, au milieu d'une foule de commentaires enthousiastes, que n'importe quelle ville d'importance moyenne peut être totalement rasée par une bombe de la grosseur d'un ballon de football... Nous nous résumerons en une phrase : la civilisation mécanique vient de parvenir à son dernier degré de sauvagerie. Il va falloir choisir, dans un avenir plus ou moins proche, entre le suicide collectif ou l'utilisation intelligente des conquêtes scientifiques. En attendant, il est permis de penser qu'il y a quelque indécence à célébrer ainsi une découverte, qui se met d'abord au service de la plus formidable rage de destruction dont l'homme ait fait preuve depuis des siècles... Voici qu'une angoisse nouvelle nous est proposée qui a toutes les chances d'être définitive. »

Albert Camus, éditorial de *Combat*, le 8 août 1945.

DOCUMENT 2 — 50 millions de morts

	Pertes militaires (en millions)	Pertes civiles (en millions)	Total (en millions)	Total en %*
URSS	13,6	7,5	21,1	10
Pologne	0,12	5,3	5,42	15
Yougoslavie	0,30	1,2	1,5	10
Allemagne	4	3	7	12
Japon	2,7	0,3	3	4
France	0,25	0,35	0,6	1,5
Italie	0,3	0,1	0,4	0,2
Royaume-Uni	0,32	0,06	0,38	0,8
États-Unis	0,3		0,3	0,2

* Par rapport à la population d'avant-guerre.

QUESTIONS

Document 1
1. Après quel événement ce texte a-t-il été écrit ? Quel jugement l'auteur porte-t-il sur l'arme atomique ?

Document 2
2. Quels pays européens furent les plus touchés démographiquement par la Seconde Guerre mondiale ? Comment pouvez-vous expliquer cette situation ?

PARAGRAPHE ARGUMENTÉ

3. Rédigez un texte d'une vingtaine de lignes sur les conséquences humaines et matérielles de la Seconde Guerre mondiale.

CORRIGÉS

Le monde en 1945

QUESTIONS DE COURS

1 Le bilan de la Seconde Guerre mondiale est lourd et surtout en Europe : plus de **60 millions de morts** en Europe et en Asie. Les **pertes matérielles** sont également considérables : plusieurs **villes** d'Europe **détruites**. Les pays se sont beaucoup **endettés**. Et, après la découverte de la barbarie nazie et des camps de concentration, il y a un fort **traumatisme moral**.

2 Il y a beaucoup de morts civils en raison des **bombardements qui ont touché les villes** ; des villes allemandes ont été détruites à plus de 70 %.

3 Les deux grandes puissances au sortir de la guerre sont les **États-Unis** (leurs pertes ont été plus faibles qu'en Europe ; ils sont appréciés parce que considérés comme libérateurs ; ils possèdent l'arme atomique) et l'**URSS** (elle s'est agrandie vers l'ouest ; elle est considérée comme le libérateur des pays d'Europe de l'Est).

4 La conférence de Yalta (février 1945) regroupe les **chefs d'État des États-Unis, de l'URSS et du Royaume-Uni** ; ils organisent le **désarmement** et l'**occupation de l'Allemagne**. C'est à la **conférence de Potsdam** (juillet 1945) que sont prévues les **nouvelles frontières de la Pologne**. L'URSS progresse vers l'ouest sur des terres polonaises ; la Pologne repousse sa frontière occidentale jusqu'à l'Oder et la Neisse au détriment de l'Allemagne.

5 Le plan Marshall propose en juin 1947 une **aide économique à toute l'Europe** ; les États-Unis voient là de nouveaux débouchés pour leur économie. **L'URSS refuse**, de même que **les États occupés par elle**. Cela **accentue** de ce fait la **division de l'Europe en deux blocs**.

6 L'**ONU**, organisation internationale, créée après la Seconde Guerre mondiale, siège à **New York** et a comme but essentiel le **maintien de la paix**. Elle comporte **différents Conseils** dont le Conseil de sécurité et différentes **institutions spécialisées** (travail, alimentation, éducation, santé…).

 — Épreuve d'histoire

QUESTION 1

Ce texte d'Albert Camus est paru dans le journal *Combat* **après le bombardement d'Hiroshima et de Nagazaki en août 1945** à l'aide de bombes atomiques. Le jugement porté est très **négatif** dans la mesure où l'atome qui aurait pu servir à des « conquêtes scientifiques » et à une « utilisation intelligente » est **mis au service d'un « suicide collectif »**.

QUESTION 2

Les pays européens les plus touchés démographiquement furent l'**URSS**, l'**Allemagne**, la **Pologne**. Cela s'explique par le fait que ces pays furent ceux où se déroulèrent les **plus nombreux combats** et où les **bombardements furent les plus importants**, touchant en particulier les populations civiles.

PARAGRAPHE ARGUMENTÉ 3

Les conséquences humaines et matérielles de la Seconde Guerre mondiale

La guerre a fait 50 millions de morts, soit six fois plus qu'en 1914-1918. **Les victimes sont autant civiles que militaires, jeunes qu'âgées.** Tous les continents ont des morts, mais l'Europe paie le plus lourd tribut. L'URSS perd 20 millions d'hommes, soit 10 % de sa population, la Pologne 15 %. En Europe occidentale, l'Allemagne est la plus touchée avec 6 millions de victimes. La guerre entraîne aussi une augmentation de la mortalité par sous-alimentation et mauvaise hygiène de la population. Beaucoup de pays connaissent un déficit de naissances et un déséquilibre entre les sexes. Enfin, la guerre a contraint près de 30 millions de personnes à quitter leur pays ou leur région d'origine. Certains fuyaient devant les troupes ennemies, d'autres étaient expulsés ou déportés de force.

En 1945, **le monde découvre la barbarie que les nazis ont fait régner en Europe**. Les troupes alliées libèrent les rescapés des camps de concentration et découvrent les six camps d'extermination implantés en Pologne. 5 100 000 Juifs et 250 000 Tziganes ont disparu dans ce génocide.

La Seconde Guerre mondiale a été une guerre totale. Les combats ne se limitaient pas, comme en 1914-1918, à la zone du front. **Les bombardements aériens ont étendu les destructions à de très vastes régions.** Les objectifs n'étaient plus seulement militaires, mais visaient à réduire les capacités de production des États.

L'Europe est à nouveau la plus touchée. À l'est, l'URSS, la Pologne et la Yougoslavie ont les dégâts les plus importants. L'Allemagne est en partie détruite et compte 8 millions de sans-abri. La France a subi des bombardements, mais surtout le pillage allemand.

Histoire-Géographie

Élaboration et organisation du monde d'aujourd'hui

10 L'inégale répartition des richesses dans le monde

1 La mesure des inégalités

Des instruments pour mesurer les inégalités de richesse et les inégalités de développement…

■ L'instrument de mesure de la richesse d'un pays est le PIB/hab. (produit intérieur brut par habitant). L'analyse du **PIB/hab.** dans différents pays du monde montre **la pauvreté des continents africain et asiatique**. C'est en Asie que le nombre de pauvres est le plus important. C'est en Afrique, au sud du Sahara, que la pauvreté augmente le plus rapidement. Les pays du « Nord », c'est-à-dire **les pays industrialisés, sont les plus riches**. Ils produisent 90 % de la richesse mondiale. Un habitant du « Nord » a un revenu 5 à 6 fois plus élevé que celui d'un habitant du « Sud ».

■ Le PIB/hab. mesure le niveau moyen de la richesse d'un pays sur le plan économique mais ne tient pas compte, sur le plan humain, du niveau de développement. Ainsi, l'ONU a-t-elle établi l'**IDH, indicateur de développement humain**, qui tient compte du PIB/hab., de l'espérance de vie et du niveau d'instruction.

■ D'une façon générale, les pays les plus riches ont l'IDH le plus élevé, les pays pauvres l'IDH le plus faible. Cette relation n'est cependant pas automatique. **La croissance peut ne pas entraîner de développement.** La Chine et l'Inde, qui ont les 4e et 10e PNB mondiaux, n'arrivent qu'à la 87 et 124e place pour l'IDH. Pour lier croissance et développement, une volonté politique et une bonne gestion des richesses par l'État sont nécessaires.

COURS 10

L'inégale répartition des richesses dans le monde

② Une grande opposition existe entre le « Nord » et le « Sud »

■ Les termes **« Sud » et « Nord »** utilisés depuis les années 1970 font référence à la position géographique des pays pauvres (le « Sud ») situés en général au sud des pays industrialisés riches (le « Nord ») qui eux sont le plus souvent localisés au nord de la planète.

■ **D'importantes disparités économiques** opposent le « Nord », pays développés à économies industrielle et tertiaire où règne la société de consommation, au « Sud », pays en développement où se maintiennent des économies à dominante agricole.

■ **La croissance de la population**, faible dans les pays industriels, reste forte dans les PED. **Les pays riches** doivent faire face au **vieillissement** de leur population, qui alourdit les charges des actifs et handicape les retraites. **Les PED**, au contraire, sont confrontés à une **population très jeune** qu'il faut **scolariser, employer, loger**.

■ « Nord » et « Sud » s'opposent par les **conditions d'existence de la population** : l'accès aux soins, l'espérance de vie, l'alphabétisation, la mortalité infantile, l'alimentation (suralimentation pour les uns, sous-alimentation pour les autres). La sous-nutrition touche encore 800 millions de personnes.

③ Des inégalités à l'intérieur des pays du Nord et des pays du Sud

D'importantes inégalités tendent à se développer au sein des pays du Nord et des pays du Sud...

■ **Le groupe des pays du Nord se rétrécit et se diversifie.** Les plus riches et dominants sont ceux de la Triade (Amérique du Nord, Union européenne, Japon). Il y a d'autres pays riches avec un fort IDH comme l'Australie, la Nouvelle-Zélande. Par contre, la Russie et les anciens pays communistes n'ont pas une puissance économique comparable. Enfin, dans chacun des pays du Nord, il y a une minorité de pauvres et des inégalités entre les régions (Italie du Nord et Italie du Sud).

■ **Les pays du Sud se différencient de manière croissante.** Les «**pays émergents**» ont une croissance très rapide (NPI d'Asie du Sud-Est et d'Amérique; les pays exportateurs de pétrole; et les deux «géants» démographiques, la Chine et l'Inde). Les **PED** (pays en développement) sont en situation intermédiaire. Ce sont les plus nombreux. Ils exportent des produits agricoles, miniers ou énergétiques. Les **PMA** (pays les moins avancés) ont un IDH et un PIB très faibles.

DÉFINITIONS

■ **Croissance économique:** accroissement de la production globale d'une économie, le plus souvent mesurée par la croissance du PIB. Elle se traduit par un enrichissement du pays sur le plan économique.

■ **Développement:** expansion de l'ensemble de l'économie qui entraîne une amélioration du niveau de vie moyen et s'accompagne d'une transformation de la société.

■ **IDH:** Indicateur de développement humain. Il permet d'apprécier l'amélioration des conditions de vie d'une population en prenant en compte, en plus de PIB, l'espérance de vie à la naissance, le pourcentage d'alphabétisation des adultes et le niveau de vie.

■ **NPIA:** nouveaux pays industrialisés d'Asie. Ce terme désigne les territoires asiatiques (Corée du Sud, Hong Kong, Singapour, Taiwan) qui ont eu un essor rapide dans les années 1980.

■ **Pays émergents:** pays du Sud qui connaissent un développement économique rapide.

■ **PED:** pays en développement. On dit aussi PVD (pays en voie de développement). Ces expressions ont remplacé celle de «pays sous-développés» et suggèrent une amélioration des États pauvres.

■ **PIB:** produit intérieur brut. Somme des biens et des services produits par l'ensemble des entreprises nationales ou étrangères d'un pays.

■ **PMA:** pays les moins avancés, États les plus pauvres du monde, situés pour la plupart en Afrique.

EXERCICES & SUJETS

QUESTIONS DE COURS ▸ corrigé p. 90

1 Que signifie le sigle PIB ? Que permet-il de mesurer ?

2 Que signifie le sigle IDH ? Que permet-il de mesurer ?

3 Quelle opposition y a-t-il entre le « Nord » et le « Sud » sur le plan économique ?

4 Quelle opposition y a-t-il entre le « Nord » et le « Sud » sur le plan du développement ?

5 Quelles inégalités y a-t-il à l'intérieur des pays du Nord ?

6 Quels différents types de pays y a-t-il dans le « Sud » ?

BREVET — Épreuve de géographie ▸ corrigé p. 90

La diversité des pays du Sud

DOCUMENT 1 **Qu'est-ce que le « tiers-monde » ?**

Nous parlons volontiers de deux mondes en présence, de leur guerre possible, de leur coexistence, en oubliant trop souvent qu'il en existe un troisième, le plus important. C'est l'ensemble de ceux que l'on appelle en style Nations unies, les pays sous-développés. […]

Les pays sous-développés, le troisième monde, sont entrés dans une phase nouvelle. […] Ce « tiers-monde » ignoré, exploité, méprisé comme le tiers état, veut, lui aussi, être quelque chose.

A. Sauvy, *l'Observateur*, 14 août 1952.

DOCUMENT 2 — Les «Suds» aujourd'hui

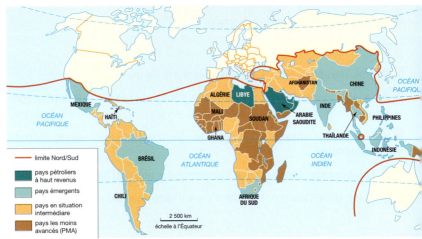

Source : Manuel *Histoire Géographie 3ᵉ*, Hatier, 200...

QUESTIONS

Document 1

1. Définissez l'expression «tiers-monde» présente dans le titre du document 1.

2. D'après le document 1, quelle situation identique connaissaient tous les pays du «tiers-monde» en 1952?

Document 2

3. D'après le document 2, quelle expression nouvelle est aujourd'hui utilisée pour désigner le «tiers-monde»?

4. En vous aidant de la légende du document 2, expliquez pourquoi cette nouvelle expression est employée au pluriel.

5. En utilisant le document 2, caractérisez la situation des pays du continent africain en matière de développement.

EXERCICES & SUJETS | 10
L'inégale répartition des richesses dans le monde

▶ PARAGRAPHE ARGUMENTÉ

6. À l'aide des informations tirées des documents et de vos connaissances, rédigez un paragraphe argumenté d'une vingtaine de lignes montrant la diversité des pays du Sud aujourd'hui.

CORRIGÉS

QUESTIONS DE COURS

1 PIB signifie **produit intérieur brut**. Il permet de mesurer la **richesse d'un pays**.

2 IDH signifie **Indicateur du développement humain**. Il permet de mesurer le **niveau de développement d'un pays**. Cet indice tient compte du PIB/habitant mais aussi de l'espérance de vie, du niveau d'instruction et du niveau de vie.

3 Les pays du Nord produisent 90 % de la richesse mondiale. Ils ont un **PIB élevé**, des **économies industrielle et tertiaire** et connaissent la **société de consommation**. Par contre, les pays du Sud ont généralement un **PIB faible** et des **économies à dominante rurale**.

4 Les pays du Nord ont les **premières places dans le classement de l'IDH**, tandis que les pays du Sud ont un **IDH faible**. Ils ont une espérance de vie plus courte, une mortalité infantile plus élevée et un taux de scolarisation très bas.

5 À l'intérieur des pays du Nord, il peut y avoir des inégalités entre **différentes régions d'un même État** ou entre les **habitants d'un même État**. Les pays riches connaissent, à un degré plus faible, la pauvreté.

6 Dans les pays du Sud il y a de fortes disparités. Les **pays émergents** comme les NPI d'Asie et d'Amérique, la Chine et l'Inde, et les pays exportateurs de pétrole ont une croissance très rapide. À l'opposé, il y a les **PMA**, situés essentiellement dans l'Afrique subsaharienne, qui ont un PIB et un IDH très faibles. Entre les deux, les pays intermédiaires, ou **PED** sont plus nombreux.

BREVET — Épreuve de géographie

QUESTION 1

Sauvy utilise le mot « tiers-monde » pour désigner les **pays sous-développés ou pays pauvres** qui constituent un troisième monde à côté des pays capitalistes (bloc de l'Ouest) et des pays communistes (bloc de l'Est).

CORRIGÉS 10
L'inégale répartition des richesses dans le monde

QUESTION 2

Ces pays du tiers-monde veulent sortir du mépris dans lequel les autres pays les tiennent et **être reconnus et entendus**.

QUESTION 3

Aujourd'hui, ces pays du tiers-monde sont appelés les **« pays du Sud »**.

QUESTION 4

On parle des pays du Sud ou des Suds parce qu'il y a une **grande diversité entre ces pays**. **Certains pays** comme les pays pétroliers à hauts revenus (Arabie Saoudite) et les pays émergents à développement rapide (Brésil, Chine) connaissent **une croissance économique forte** tout en conservant des caractères du sous-développement. En revanche, **les pays** en voie de développement et les pays les moins avancés (PMA) **connaissent la pauvreté** à un degré plus ou moins dramatique. Ils constituent **la grande masse des pays du Sud**.

QUESTION 5

Dans le continent africain, on rencontre les quatre types de pays du Sud.

- L'Afrique du Sud appartient à la catégorie **des pays émergents en développement rapide**.

- La Libye fait partie des **pays pétroliers à hauts revenus**.

- Le **cœur de l'Afrique**, appelé aussi Afrique subsaharienne, constitue la part la plus importante de l'Afrique. Elle rassemble des **pays les moins avancés (PMA)**, qui sont de grands espaces de pauvreté. Parmi ces pays, il y a le Niger, le Mali, l'Éthiopie…

- Les pays situés sur le **pourtour ouest de l'Afrique sont des pays en voie de développement en situation intermédiaire**. Parmi ces pays, on peut citer le Maroc, l'Algérie, le Cameroun…

PARAGRAPHE ARGUMENTÉ 6

La diversité des pays du Sud

Aujourd'hui encore, il existe une **forte opposition entre les pays du Nord**, pays développés et industrialisés, appelés ainsi parce que la plupart sont situés au nord de l'équateur, **et les pays du Sud**, pays en développement situés le plus souvent dans l'hémisphère sud.

Les pays du Sud ont des points communs : un PIB faible, une croissance démographique forte, une espérance de vie courte, un faible taux de scolarisation, de très fortes inégalités sociales. **Mais il y a entre ces pays du Sud de très fortes disparités.**

En Amérique latine et en Asie du Sud-Est, les pays émergents à développement rapide comme le Mexique, le Brésil, le Chili, la Chine, la Thaïlande sont **en voie d'industrialisation et connaissent une croissance économique forte.** Ils attirent les investisseurs étrangers et leur PIB progresse tandis que leur croissance démographique diminue.

Les pays pétroliers du golfe Persique ont profité des chocs pétroliers de 1973 et 1979. Leur PIB a augmenté, mais ils **conservent des caractères du sous-développement** comme une forte fécondité, de très fortes inégalités sociales, et leur IDH n'a que peu progressé.

La plus grande partie des pays du Sud sont des pays en voie de développement en situation intermédiaire ou des pays parmi les moins avancés (PMA). Ils souffrent soit d'une situation enclavée à l'écart des axes commerciaux, soit d'une absence de ressources naturelles, soit de difficultés politiques. **Les PMA**, qui sont de grands espaces de pauvreté, sont **situés essentiellement dans l'Afrique subsaharienne.** Leur économie repose surtout sur une agriculture traditionnelle. Leur IDH est très faible et leur croissance démographique très forte. Ils vivent essentiellement de l'aide des pays riches.

11 L'évolution démographique, la croissance économique

www.prepabrevet.com

1 La population mondiale double de 1950 à 1990

■ **La Seconde Guerre mondiale est suivie d'une très forte reprise de la fécondité, le «baby-boom».** Cette situation est nouvelle. Avant 1939, le taux d'accroissement de la population mondiale était à peine supérieur à 0,5 %, après 1945 ce taux atteint 2 %. La population augmente d'environ 90 millions d'individus par an et atteint 6,7 milliards en 2007. Malgré un ralentissement depuis le début des années 1990 (1,4 %), la population mondiale devrait atteindre 9 milliards en 2050.

■ Cette croissance s'explique par une natalité qui reste élevée dans beaucoup de pays et surtout par une **baisse de la mortalité**, due aux progrès de la médecine et à la lutte contre les épidémies.

■ **La situation démographique est cependant très variée selon les pays. L'accroissement rapide** et constant concerne surtout les **pays en développement** et particulièrement **les plus pauvres**. Dans les pays industrialisés, la population stagne et même diminue.

2 Les Trente Glorieuses

La croissance des Trente Glorieuses donne à l'économie un essor exceptionnel...

■ Le monde, après l'effondrement économique dû à la guerre, connaît de **1945 à 1973 un essor économique exceptionnel**. Ce sont les **«Trente Glorieuses»**. La production mondiale triple. Dès 1950, la plupart des pays, et surtout les pays industrialisés, ont retrouvé ou dépassé leur niveau d'avant-guerre.

Cette croissance exceptionnelle concerne les grands pays industriels occidentaux, le Japon et aussi certains pays d'Asie (NPI) et d'Amérique latine.

■ **Plusieurs facteurs** expliquent cette croissance.

• **La main-d'œuvre** est devenue **plus nombreuse** grâce au « baby-boom », à l'arrivée de nombreux travailleurs étrangers et à l'exode rural provoqué par la mécanisation de l'agriculture. Cette main-d'œuvre est aussi plus qualifiée grâce à une formation mieux adaptée et allongée.

• **Les progrès du libre-échange (GATT)** favorisent le développement du commerce ; les **disponibilités monétaires** sont plus grandes grâce à l'aide Marshall, à la hausse des salaires ; **les États interviennent** par leurs commandes, leurs subventions, la planification.

• **Les progrès scientifiques et techniques**, grâce au développement de la recherche, la standardisation des productions, les transports plus rapides, le pétrole abondant et bon marché, sont parmi les causes les plus importantes de la croissance économique.

■ **La croissance concerne tous les secteurs de l'économie**. Le PNB (produit national brut) des pays industrialisés (Europe occidentale, États-Unis, Japon) triple en trente ans alors qu'il n'avait que doublé au cours des cinquante années précédentes.

• **Dans le secteur industriel**, les industries de consommation connaissent une très forte hausse mais aussi et surtout les **industries de pointe** qui font appel à la recherche : électronique, aéronautique, aérospatiale.

• **L'agriculture se transforme** grâce à la mécanisation, au développement des engrais. Rendements et productivité sont en très forte hausse.

• **Les échanges internationaux** connaissent une croissance en volume d'environ 8 % par an en moyenne.

• Les emplois se multiplient dans le **secteur des services**.

COURS 11
L'évolution démographique, la croissance économique

3. La société se transforme profondément

■ Avec la croissance, **le niveau de vie des populations des pays développés s'élève** (hausse des salaires, prestations sociales, généralisation des crédits). Il y a une **soif de consommation, et cela dans tous les domaines** : achats dans les grandes surfaces (1963), demandes de services (vente par correspondance), développement des loisirs (« Club Med » 1950, « Nouvelles Frontières », 1967). La société de consommation est née.

■ **Les structures sociales se modifient. Le secteur primaire** se réduit mais le niveau professionnel des agriculteurs progresse. **Le monde ouvrier** rajeunit et se diversifie avec l'arrivée des travailleurs immigrés, et perd de son unité avec la distinction entre ouvriers qualifiés, spécialisés et manœuvres. **Le secteur tertiaire**, avec l'essor des services, devient majoritaire : c'est **le temps des « cols blancs »**, mais aussi de l'entrée des femmes, de plus en plus nombreuses dans la vie active.

■ **Le cadre de vie évolue** avec la croissance urbaine, la création des grands ensembles uniformes, l'extension des banlieues tandis que les villages déclinent.

Une croissance inégale et ralentie depuis 1974

■ **La production industrielle recule** dans tous les pays industrialisés particulièrement dans les secteurs de la sidérurgie, de l'automobile et de la construction navale. **Les prix augmentent. Le chômage apparaît et s'aggrave.** En 1981, il touche en France plus de 10 % de la population active. Il y a une perte de confiance dans l'avenir, particulièrement chez les jeunes en quête de leur premier emploi.

■ **La crise est provoquée par les chocs pétroliers de 1974** (guerre israélo-arabe, quadruplement du prix du pétrole brut par l'OPEP) **et de 1979** (guerre Iran-Irak, les prix doublent). Le déficit commercial augmente chez les pays importateurs de pétrole ; toutes les activités liées au pétrole sont en récession.

■ **La crise a aussi d'autres origines.** Toutes les monnaies, mais surtout le dollar, connaissent des difficultés depuis le début des années 1970. La consommation de masse s'essouffle alors que des produits à bas prix importés des NPI (nouveaux pays industrialisés) concurrencent ceux des pays industrialisés. Les revendications pour l'augmentation des salaires se multiplient.

■ **Dans les années 1990, de nouvelles crises, surtout financières**, touchent particulièrement les pays asiatiques et spécialement le Japon.

En 2007, la crise des « subprimes » se transforme en une crise financière mondiale partie des États-Unis.

■ **Même ralentie, la croissance reste importante mais très inégale.** Alors que la Chine connaît des taux de croissance spectaculaires (+ 9 %), certaines régions du monde comme l'Afrique restent à l'écart de la prospérité.

DÉFINITIONS

■ *Baby boom :* nom donné à la forte et brusque reprise de la natalité dans les pays développés après la Seconde Guerre mondiale.

■ **Croissance :** situation d'une économie connaissant une augmentation forte et durable de ses productions.

■ **GATT (*General Agreement on Tariffs and Trade*) :** accord général sur les tarifs douaniers et le commerce signé en 1947.

■ **Productivité :** rapport entre la valeur d'un produit et le temps mis pour l'obtenir.

■ **Société de consommation :** société d'abondance dans laquelle la consommation des ménages est sans cesse stimulée par les nouveautés et la publicité.

■ **Taux d'accroissement naturel :** différence entre le taux de natalité et le taux de mortalité en pourcentage.

■ **Trente Glorieuses :** nom donné par un économiste français à la période 1945-1973, caractérisée par une croissance économique sans précédent, surtout dans les pays industrialisés, et par une transformation des modes de vie.

EXERCICES & SUJETS

QUESTIONS DE COURS ▶ corrigé p. 100

1 Comment la population mondiale évolue-t-elle depuis 1945 ? Pourquoi ?

2 Qu'appelle-t-on les « Trente Glorieuses » ?

3 Donner trois raisons qui expliquent la croissance économique entre 1950 et 1973 ?

4 Quels sont les principaux pays ou régions du monde concernés par la croissance entre 1950 et 1973 ?

5 Donner trois raisons qui expliquent le ralentissement économique à partir de 1974.

BREVET — Épreuve d'histoire ▶ corrigé p. 100

La croissance économique et l'évolution du mode de vie dans les pays développés depuis 1945

DOCUMENT 1 La transformation du niveau de vie

C'est bien la formidable transformation du niveau de vie qui a été le principal « miracle » de ces années glorieuses. En France, en une seule génération, le pouvoir d'achat du revenu moyen a autant augmenté qu'au cours des 160 années qui ont précédé les Trente Glorieuses !

Alors qu'en 1956, un peu moins de 20 % des ménages possédaient une voiture, la proportion atteint 54 % à la fin de 1968. Le taux d'équipement des ménages en postes de télévision qui était de 1 % en 1954, atteint 80 % en 1973. Celui des réfrigérateurs, qui était de 7,5 % en 1954, atteint 86,8 % en 1973. Celui des machines à laver le linge, qui était de 8,4 % en 1954, atteint 85,7 % en 1973. En septembre 1957, 70 % des ménages ne possédaient ni réfrigérateur, ni machine à laver le linge, ni téléviseur. À la fin de 1973, seuls 7 % d'entre eux étaient dans ce cas. À l'inverse, en 1957, 2 % des ménages disposaient de ces trois biens à la fois ; à la fin de 1973, 57 % d'entre eux étaient équipés de ces trois appareils.

D'après **J. Marseille**, *L'Histoire*, n° 192, octobre 1995.

DOCUMENT 2 — L'évolution de la population active dans les pays développés

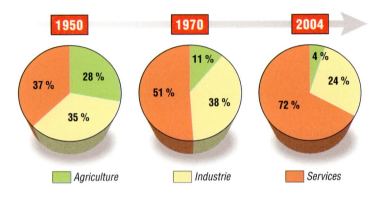

- 1950 : Agriculture 28 %, Industrie 35 %, Services 37 %
- 1970 : Agriculture 11 %, Industrie 38 %, Services 51 %
- 2004 : Agriculture 4 %, Industrie 24 %, Services 72 %

DOCUMENT 3 — Publicité d'une agence de voyages

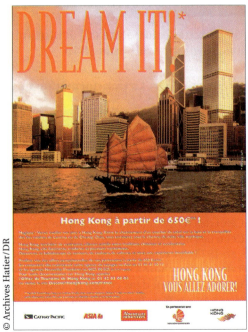

Catalogue Jet Set. © Archives Hatier/DR

EXERCICES & SUJETS | 11
L'évolution démographique, la croissance économique

▶ QUESTIONS

Document 1

1. Citez quatre équipements qui améliorent la vie quotidienne.

D'après le texte, qu'est-ce qui a permis leur achat ?

Justifiez votre réponse par une citation.

Document 2

2. Quels sont les deux principaux changements dans la répartition de la population active entre 1950 et 1998 ?

Documents 2 et 3

3. Quels grands changements de mode de vie montrent ces deux documents ?

Indiquez cinq activités de service.

▶ PARAGRAPHE ARGUMENTÉ

4. À partir des informations tirées des documents et en vous aidant de vos connaissances, vous rédigerez un paragraphe argumenté d'une vingtaine de lignes montrant que la croissance économique depuis 1945 a bouleversé les modes de vie dans les pays développés.

CORRIGÉS

QUESTIONS DE COURS

1 Après la Seconde Guerre mondiale, il y a une reprise très forte de la fécondité. C'est le « **Baby-boom** ». Le taux de croissance de la population atteint les 2 %. Cette évolution est due à une **natalité très forte** dans beaucoup de pays et surtout à une **baisse de la mortalité** causée par les **progrès de la médecine** et à **l'élévation du niveau de vie**.

2 On appelle les « Trente Glorieuses » la **période comprise entre 1950 et 1973** qui connaît un **essor économique exceptionnel**.

3 La **croissance forte de la population**, l'**amélioration des moyens de production**, l'**expansion du commerce international** et le **prix bas des matières premières et du pétrole** expliquent la croissance économique exceptionnelle entre 1950 et 1973.

4 Entre 1950 et 1973, l'**Europe de l'Ouest**, les **États-Unis**, le **Japon** et aussi les **NPI** sont concernés par une croissance économique forte.

5 À partir de 1974, l'**augmentation brutale du pétrole**, la **concurrence des pays à faible coût de main-d'œuvre**, le **ralentissement de la demande de certains biens de consommation** expliquent la chute de la croissance économique.

BREVET – Épreuve d'histoire

QUESTION 1

D'après ce texte, les quatre équipements qui ont permis l'amélioration de la vie quotidienne des Français depuis 1945 sont **l'automobile, la télévision, le réfrigérateur et la machine à laver le linge**. C'est l'**augmentation rapide du niveau de vie** qui a permis aux ménages d'acheter ces équipements : l'auteur précise que « en une seule génération, le pouvoir d'achat a autant augmenté qu'au cours des 160 années qui ont précédé » ; pour montrer l'ampleur de la transformation du niveau de vie pendant cette période des Trente Glorieuses, il utilise le mot « **miracle** ».

CORRIGÉS

L'évolution démographique, la croissance économique

QUESTION 2

Entre 1950 et 1998, la répartition de la population active dans les pays développés s'est fortement modifiée. D'une part, le **nombre d'agriculteurs connaît une forte baisse** : ils représentaient 28 % des actifs en 1950, mais ils ne sont plus que 5 % en 1998. D'autre part, alors que les emplois industriels connaissent une légère baisse, **les emplois dans les services sont en très forte augmentation** : ils constituaient 37 % des emplois en 1950, et en représentent 72 % aujourd'hui.

QUESTION 3

Les statistiques et la publicité mettent en évidence des changements de mode de vie dans les pays développés. La diminution des emplois agricoles et l'essor des activités tertiaires ont des conséquences sur la répartition de la population : **la majorité des habitants travaillent et vivent en ville, dans des agglomérations de plus en plus grandes**. La croissance du pouvoir d'achat permet l'équipement en produits de grande consommation, et aussi de **nouvelles pratiques culturelles** : les loisirs, le tourisme se développent. L'accélération des moyens de transport rend plus faciles les voyages lointains, comme le propose cette publicité qui incite les Français à partir en vacances à Hong Kong. Les 72 % d'actifs qui travaillent dans le secteur tertiaire ont des emplois très variés : transports, commerce, métiers de santé, administration, enseignement, banques, restauration…

PARAGRAPHE ARGUMENTÉ 4

La croissance économique et l'évolution des modes de vie dans les pays développés depuis 1945

Pendant les trente années qui suivent la Seconde Guerre mondiale, les pays industrialisés connaissent une croissance économique sans précédent, supérieure à 5 % par an, surtout au Japon et en Europe de l'Ouest. Pendant cette **période des Trente Glorieuses, la croissance se traduit par une forte hausse des productions de biens et de services**, et aussi par un bouleversement des sociétés. Les emplois industriels et surtout agricoles diminuent, mais on constate une « explosion du secteur tertiaire », qui emploie aujourd'hui les deux tiers des actifs, parmi lesquels les femmes sont de plus en plus nombreuses. Ces emplois sont le plus souvent dans les villes. Ainsi, alors que les campagnes se vident, **la tertiairisation des activités s'accompagne de l'accélération de l'urbanisation des habitants**.

La croissance économique se traduit par l'élévation du niveau de vie global des populations. Favorisée par la croissance des salaires, par le développement des grandes surfaces, encouragée par la publicité, la consommation augmente. Les ménages s'équipent en automobiles, en appareils électroménagers, accèdent à un meilleur confort. Ils consacrent aussi plus de temps, plus d'argent aux loisirs, à la culture, aux voyages, grâce à l'essor des transports. Ainsi, **dans les pays développés, la majorité des populations accède à la société de consommation**, les modes de vie se ressemblent, uniformisés par les médias.

Cependant, **la croissance est aussi critiquée** par certains parce qu'elle suscite des gaspillages, parce qu'elle entraîne des risques pour l'environnement et surtout parce qu'elle n'efface pas les inégalités dans les pays riches. Ces inégalités se creusent encore à partir du milieu des années 1970 quand le rythme de croissance se ralentit, quand les pays développés entrent dans une période de récession.

12 Un monde urbanisé

1. Une urbanisation accélérée au XXᵉ siècle

■ Le regroupement d'une part de plus en plus importante de la population mondiale dans les villes est un **phénomène apparu dès le XIXᵉ siècle** à l'époque de la Révolution industrielle. **Depuis les années 1960**, le taux d'urbanisation connaît une **accélération spectaculaire** avec la croissance économique et la mondialisation des échanges et des activités. Cette évolution est cependant très différente selon les continents et selon qu'il s'agit de pays industrialisés ou de pays en développement.

■ **Aujourd'hui près d'un homme sur deux habite en ville**, soit 49 % de la population. Plus de la moitié de la population urbaine mondiale vit dans des villes de plus de 500 000 habitants. La croissance urbaine se manifeste surtout par le développement de très grandes villes ou de vastes conurbations.

2. Une urbanisation ralentie dans les pays du Nord

■ Dans les pays industrialisés, la population urbaine n'augmente plus que de **0,5 à 1 % par an**.

■ La croissance urbaine dans les pays industrialisés a été pendant longtemps liée au **développement des activités industrielles** ; elle est **aujourd'hui** la conséquence de la **multiplication des emplois tertiaires**. L'attrait de ceux-ci favorise la croissance des petites et moyennes villes.

■ **La mondialisation, la concentration** des capitaux, des entreprises, des pouvoirs de décision conduisent au phénomène des **mégalopoles**, véritables régions urbanisées sur plusieurs centaines de kilomètres de long et parcourues par d'importants réseaux de transport et flux de population. On en compte **trois** : l'**Européenne**, de Londres à Milan, l'**Américaine**, de Chicago à New York et Baltimore, la **Japonaise**, de part et d'autre de Tokyo et d'Osaka.

3 Une urbanisation galopante et anarchique dans les pays du Sud

■ **L'essentiel de la croissance urbaine mondiale se produit dans les pays du Sud (3 à 7 % par an).** Cette croissance ne s'appuie pas, comme en Occident, sur une ancienne industrialisation ou sur la tertiairisation des emplois. Elle résulte d'un accroissement naturel qui reste fort et de l'arrivée des **populations rurales en crise**, de **réfugiés** fuyant les guerres (Afrique noire) qui deviennent des populations urbaines désœuvrées.

■ En 2006, **17 villes sur 26 de plus de 10 millions d'habitants** sont localisées dans les pays du Sud. São Paulo, Mexico, Lagos frôlent ou dépasseront les 20 millions d'habitants en 2010.

■ **La croissance urbaine s'opère surtout de façon anarchique.** Le centre des grandes villes ressemble aux villes des pays riches (tours occupées par des bureaux), mais les **équipements** (eau, électricité, transports) sont souvent **insuffisants ou inadaptés**. La périphérie est occupée par d'**immenses bidonvilles** privés de tous les services et difficiles à résorber.

DÉFINITIONS

■ **Bidonville :** quartier périphérique de la ville caractérisé par des habitations précaires faites de matériaux de récupération (planches, cartons, bidons…).

■ **Citadin :** personne qui habite la ville.

■ **Conurbation :** ensemble urbain formé de plusieurs centres et constitué par la réunion de plusieurs agglomérations à l'origine indépendantes.

■ **Mégalopole :** ensemble de plusieurs métropoles reliées entre elles par un important réseau de transports et de communications.

■ **Métropole :** ville principale d'une région ou d'un pays sur lequel elle étend son influence économique et culturelle.

■ **Réseau urbain :** ensemble des villes en relation entre elles.

■ **Taux d'urbanisation :** rapport entre la population urbaine et la population totale. Le taux d'urbanisation d'un pays peut être relativement faible et la croissance de sa capitale très rapide. C'est le cas de nombreux pays d'Afrique.

EXERCICES & SUJETS

QUESTIONS DE COURS ▸ corrigé p. 110

1 Quel est le pourcentage d'urbanisation dans le monde ? Comment ce taux évolue-t-il ?

2 Pourquoi les pays industrialisés, les pays du Nord, ont-ils connu une forte croissance urbaine ?

3 Qu'est-ce qu'une mégalopole ? À quoi sont-elles dues ? Localiser les trois grandes mégalopoles des pays du Nord.

4 Où sont situées la majorité des villes de plus de 10 millions d'habitants ?

5 À quoi est due la forte croissance de l'urbanisation dans les pays du Sud ?

6 Quels sont les problèmes soulevés dans les villes du Sud par leur croissance galopante ?

7 Trouver la bonne réponse.

a. Le continent africain est le continent le plus urbanisé.

❏ Vrai ❏ Faux

b. Le continent africain est le continent où le taux de croissance urbaine est le plus élevé.

❏ Vrai ❏ Faux

EXERCICES & SUJETS | 12
Un monde urbanisé

BREVET — Épreuve de géographie › corrigé p. 111

L'urbanisation dans le monde

DOCUMENT 1 — La population urbaine dans le monde en 2005 (en %)

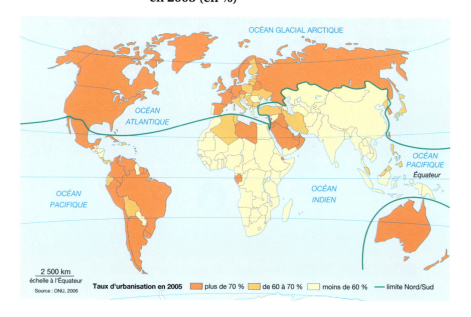

Taux d'urbanisation en 2005 : plus de 70 % — de 60 à 70 % — moins de 60 % — limite Nord/Sud

Source : ONU, 2006

DOCUMENT 2 — **L'accroissement des grandes agglomérations dans le monde**

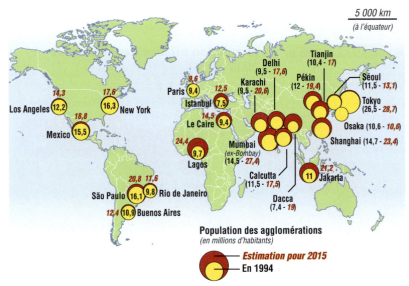

Source : ONU, *Le Monde*, juin 1996.

DOCUMENT 3 — **Une capitale trop vite grandie**
35 000 habitants au kilomètre carré : Le Caire étouffe

[…] Avec ses 400 kilomètres carrés, le Grand Caire compte 13 millions d'habitants la nuit, et 16 millions le jour, soit 20 % à 25 % des 59 millions d'Égyptiens et près de la moitié de la population urbaine. La concentration moyenne est de 32 000 habitants au kilomètre carré et peut dépasser les 100 000 dans certains quartiers de la vieille ville. La croissance annuelle de la population de la capitale (3,3 %) dépasse largement la moyenne nationale (2,2 %). […] L'exode rural augmente chaque année la population du Caire de 1,6 %, soit près d'un quart de million d'habitants…

La principale cause de cet exode est économique. C'est en effet au Caire qu'un Égyptien a le plus de chances de trouver du travail : on y trouve près de la moitié des emplois du secteur d'État, et 40 % du privé.

EXERCICES & SUJETS | 12
Un monde urbanisé

[…] Malgré la crise du logement, on y est mieux logé qu'à la campagne, la capitale comptant 30 % des habitations d'Égypte. On y est aussi mieux soigné, avec plus de 70 % des médecins et la moitié des lits d'hôpital. […]

La première conséquence de cette migration est l'amplification de la crise chronique du logement. […]

Les plus démunis n'ont d'autre recours que la douzaine de «quartiers champignons» qui ont poussé autour de la capitale. Des quartiers construits sans aucun plan d'urbanisme, où 30 % des habitations n'ont ni eau ni égouts et où les rues ne sont que des ruelles qui se tortillent au gré de constructions hétéroclites.

Alexandre Buccianti, *Le Monde*, 2 septembre 1994.

▶ QUESTIONS

Document 1
1. En observant la carte de la population urbaine dans le monde, dites quelles sont les parties du monde les moins urbanisées et les parties du monde les plus urbanisées.

Documents 1 et 2
2. Comment la population des grandes agglomérations évolue-t-elle dans les parties du monde les moins urbanisées et dans les parties du monde les plus urbanisées?

Documents 2 et 3
3. Quelle est la principale cause de l'accroissement de la population du Caire d'après le texte et quelles en sont les conséquences essentielles pour la ville et les habitants?

▶ PARAGRAPHE ARGUMENTÉ

4. En vous appuyant sur les informations fournies par les documents et en utilisant vos connaissances, décrivez et expliquez dans un paragraphe argumenté d'une vingtaine de lignes la répartition et l'évolution de la population urbaine dans le monde.

CORRIGÉS

QUESTIONS DE COURS

1 Le taux d'urbanisation dans le monde est de 49 %. Près d'un homme sur deux vit en ville. Ce taux continue de progresser et **devrait atteindre 50 % en 2007**.

2 La forte croissance urbaine des pays du Nord est due à l'**industrialisation** puis à la **multiplication des activités tertiaires**. Ces activités ont favorisé la **croissance des petites et moyennes villes** mais aussi la **création de CBD** (*Central Business District*) dans les grandes villes, les métropoles.

3 Une mégalopole est l'**ensemble de plusieurs métropoles reliées entre elles par un important réseau de transports et de communications**. Le phénomène de mégalopole est dû à la **mondialisation de l'économie** qui conduit à la **concentration de capitaux, des entreprises et des pouvoirs de décision** dans ces « supers » agglomérations. La **mégalopole américaine** s'est formée autour de New York et s'étend de Chicago à Baltimore. La **mégalopole japonaise** s'étend de part et d'autre de Tokyo et d'Osaka. La **mégalopole européenne** va de Londres à Milan en passant par Paris et la Ruhr.

4 La majorité des villes de plus de 10 millions d'habitants sont situées dans les **pays du Sud**.

5 La forte croissance urbaine des pays du Sud est surtout due à **l'exode rural** mais aussi à un **accroissement naturel** qui reste très fort.

6 Les villes du Sud sont victimes de leur croissance trop rapide. Leur développement se fait de façon anarchique. À côté du centre qui ressemble à celui des villes du Nord s'étendent des **quartiers d'habitat précaire** dans lesquels les **infrastructures les plus élémentaires manquent** (eau courante, égout, électricité). La périphérie est occupée par d'immenses **bidonvilles**.

7 a. **Faux.**

b. **Vrai.** Le taux de croissance urbaine sur le continent africain est de 5 % en moyenne, soit le double de la moyenne mondiale.

CORRIGÉS 12
Un monde urbanisé

BREVET — Épreuve de géographie

QUESTION 1

D'après la carte, **les continents les moins urbanisés sont l'Afrique et l'Asie** : la part des urbains est, sauf exception, inférieure à la moitié de la population totale. À l'opposé, **les parties du monde les plus urbanisées sont l'Amérique, l'Europe de l'Ouest, l'Océanie** : dans ces continents, la part de la population urbaine dépasse 70 % de la population.

QUESTION 2

D'après les prévisions, c'est dans les continents les moins urbanisés en 1994 que les agglomérations connaissent depuis cette date, et doivent connaître, dans les quinze prochaines années, le plus fort accroissement : **la plupart des agglomérations d'Afrique et d'Asie devraient voir leur population doubler**.

Au contraire, **en Europe, en Amérique**, ainsi qu'au Japon, **la croissance récente et prévue est faible**.

Ainsi, si les métropoles géantes des pays du Sud poursuivent leur forte croissance, le rapport entre le nombre d'urbains et le nombre total des habitants pourrait se modifier, faisant très fortement augmenter le taux d'urbanisation de ces pays.

QUESTION 3

D'après l'article du *Monde*, la principale cause de l'accroissement de la population du Caire est l'**exode rural** : près de 250 000 Égyptiens viennent chaque année s'installer dans la capitale, attirés par l'espoir de trouver facilement un emploi, un logement, une meilleure qualité de soins.

Les conséquences de ce fort accroissement se lisent d'abord dans les chiffres : avec 13 à 16 millions d'habitants, le « Grand Caire » est une **ville « géante »**, la seule d'Égypte, qui regroupe un quart de la population égyptienne. Ainsi les densités atteignent des records, avec une moyenne de 32 000 habitants au km^2, ce qui fait dire au journaliste que « **Le Caire étouffe** ».

Pour les habitants, les conséquences de cette « explosion » sont la **crise du logement**, qui aboutit à la naissance de quartiers d'**habitat spontané**, sans aucun plan d'ensemble, ni infrastructure sanitaire.

PARAGRAPHE ARGUMENTÉ 4

La répartition et l'évolution de la population urbaine dans le monde

Aujourd'hui, près d'un homme sur deux sur la terre est un urbain. Mais la répartition n'est pas uniforme. **Dans la majeure partie des pays riches du Nord, industriels, l'urbanisation est ancienne; les urbains représentent plus de 70 % de la population**, ou même plus, aux États-Unis, au Japon, en Europe de l'Ouest. Au contraire, **dans de nombreux pays pauvres, peu industrialisés, d'Afrique ou d'Asie, moins de 50 % des habitants sont des urbains**, qui vivent dans des agglomérations récentes. Dans la seconde moitié du XXe siècle, **les continents les plus urbanisés ont connu un net ralentissement de la croissance des villes**, ou même une évolution négative; à l'opposé, l**e rythme d'urbanisation en Afrique et en Asie s'est fortement accéléré**. Cette «explosion urbaine», alimentée par les flux de l'exode rural et surtout par des taux d'accroissement naturel élevés, doit se poursuivre; des agglomérations comme Lagos ou Mumbai (ex. Bombay) devraient voir leur population doubler d'ici 2015. Ainsi, les urbains dans le monde seront de plus en plus constitués d'habitants d'agglomérations de pays pauvres.

Dans tous les pays, les citadins vivent de plus en plus dans des **agglomérations géantes**. Partout, la ville occupe un espace toujours plus grand, rejoignant parfois la banlieue d'une autre ville pour constituer une mégalopole, comme au Japon, ou au nord-est des États-Unis. Toutes doivent tenter de **résoudre les problèmes d'aménagement qui accompagnent l'urbanisation**. C'est cependant dans les pays pauvres que les problèmes d'emploi, de logement, d'assainissement, d'insécurité, de forte ségrégation sociale se posent de la façon la plus aiguë. Ainsi, même si les contrastes entre urbanisation du Nord et du Sud s'atténuent, les écarts entre riches et pauvres demeurent.

13 Accélération et mondialisation des échanges

 www.prepabrevet.com

1 Un monde de plus en plus interdépendant

■ De nombreux **facteurs économiques et politiques** expliquent l'essor et la mondialisation des échanges depuis la fin de la Seconde Guerre mondiale.

• **Des organismes internationaux** comme le GATT, remplacé en 1995 par l'OMC, permettent la libéralisation des échanges avec la suppression des barrières douanières.

• La création de zones de libre-échange, comme l'UE et l'ALENA, ouvre de nouveaux espaces d'échanges très actifs.

• Les **multinationales** recherchent à travers le monde les meilleurs prix de la main-d'œuvre, des matières premières, des droits de douane. Elles contribuent ainsi à une large part du commerce mondial et à la division internationale du travail en répartissant la fabrication en des lieux différents.

■ La **révolution des transports** a permis la croissance et la diversification des échanges. Les navires ont grandi et se sont spécialisés (porte-conteneurs, méthaniers, navires réfrigérés). Les **avions** ont accru leur rayon d'action. Les **plates-formes multimodales** font gagner du temps en facilitant le passage d'un moyen de transport à un autre.

2 Un monde de réseaux

Un monde parcouru par de multiples réseaux de transport, de marchandises et d'hommes…

■ **Les routes maritimes** convergent principalement vers l'Europe du Nord-Ouest, le nord-est des États-Unis et la côte Est du Japon. Il s'agit, dans les trois cas, des façades maritimes les mieux équipées en ports et les plus urbanisées.

■ Un **large anneau aérien** relie l'Amérique du Nord, l'Europe et le Japon. L'Atlantique Nord à lui seul regroupe le quart du trafic passager.

■ **Les produits échangés sont d'une grande diversité. Les produits manufacturés** (électronique, matériel de transport) dominent et sont en forte augmentation ainsi que les **produits dits invisibles**: échanges et services (banque, assurance, tourisme), capitaux entre les grandes places financières, informations en provenance des agences de presse. Les produits agricoles et les matières premières, de moindre valeur, sont en régression.

■ **Les migrations de réfugiés ou de travailleurs** se sont amplifiées d'un État à un autre. Elles se font des **PED vers les pays industriels.** À l'intérieur des États, spécialement dans les PED, les migrations s'expliquent par l'exode rural et l'attirance des grandes villes. Dans les pays industriels, les migrations sont liées au travail et aux vacances.

3 Un monde d'échanges

Un monde où les échanges reflètent l'inégalité des partenaires…

■ **Il y a inégalité entre les partenaires. Les pays industrialisés** assurent 70 % des échanges commerciaux. Ils peuvent acheter et ils exportent des produits à forte valeur ajoutée. Les **pays en développement** (27 % des échanges commerciaux) vendent des produits à faible valeur ajoutée et peuvent donc difficilement acheter.

■ **La Triade** (États-Unis, Japon, Union européenne) est le **centre dominant de l'espace mondial**. Elle concentre les capitaux, les activités industrielles essentielles, les services les plus performants (grandes agences de presse), les plus importantes compétences technologiques, le pouvoir politique et la puissance militaire. Les trois pôles de la Triade réalisent 70 % du commerce mondial et 80 % des investissements directs dans le monde.

■ **Les grandes métropoles de la Triade**, New York, Londres, Tokyo, Paris, sont les grands centres de décision et d'impulsion de l'économie mondiale d'où partent les flux principaux de marchandises, de capitaux et d'informations à travers le monde.

DÉFINITIONS

■ **ALENA :** Accord de libre-échange nord-américain entre États-Unis, Canada et Mexique (1992).

■ **Conteneur :** grande caisse métallique qui permet de grouper des marchandises.

■ **Division internationale du travail :** organisation des échanges internationaux qui spécialise certains pays dans la production de biens manufacturés et d'autres dans les produits de base, en fonction surtout des coûts, de la quantité et de la spécialisation de la main-d'œuvre.

■ **Flux :** courant de biens ou de personnes qui circulent dans un espace. Le flux a une origine, une destination, un trajet.

■ **Mondialisation :** phénomène d'internationalisation des échanges mais aussi de l'implantation des entreprises et des productions.

■ **Nœud de communication :** point de rencontre des lignes d'un réseau de transport ; cela peut être une gare, un port, un aéroport.

■ **Plate-forme multimodale :** site équipé pour permettre le passage d'un mode de transport à un autre.

■ **Réseau :** ensemble de voies de communication qui permettent la circulation des flux.

■ **UE :** Union européenne.

EXERCICES & SUJETS

QUESTIONS DE COURS ▸ corrigé p. 119

1 Quels facteurs économiques, politiques et technologiques ont contribué au développement des échanges dans le monde ?

2 Quelles sont les grandes directions et les points de départ et d'arrivée des grandes routes maritimes mondiales ?

3 Quelle catégorie de produits est la plus échangée dans le monde ?

4 Quel motif explique le mouvement de migration des PED vers les pays industrialisés ?

BREVET — Épreuve de géographie ▸ corrigé p. 119

Les flux migratoires dans le monde

▶ QUESTIONS

Document 1 (voir page suivante)
1. a) Quelles sont les principales zones d'émigration et les principales zones d'accueil des immigrants dans le monde ?

b) Quels sont les motifs et les causes de ces mouvements migratoires ?

Documents 1 et 2 (voir pages suivantes)
2. Quelles sont, selon ces deux documents, les raisons qui expliquent l'importance des flux migratoires à destination de l'Union européenne ?

Document 3 (voir page 118)
3. a) Quels problèmes particuliers les immigrants clandestins rencontrent-ils ?

b) Quels problèmes ces mouvements clandestins de population posent-ils aux autorités des pays d'accueil ?

EXERCICES & SUJETS | 13
Accélération et mondialisation des échanges

▶ PARAGRAPHE ARGUMENTÉ

4. À partir des informations tirées des documents et de vos connaissances personnelles, rédigez un paragraphe argumenté d'une vingtaine de lignes répondant au sujet suivant : « Les flux migratoires dans le monde aujourd'hui. »

DOCUMENT 1 — **Les principaux flux migratoires dans le monde en 2000**

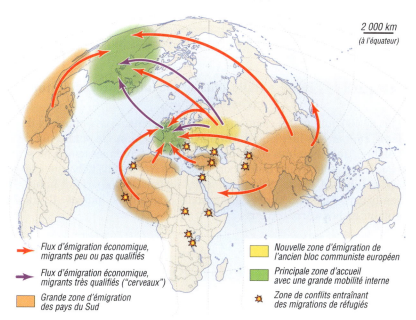

2 000 km
(à l'équateur)

→ *Flux d'émigration économique, migrants peu ou pas qualifiés*

→ *Flux d'émigration économique, migrants très qualifiés ("cerveaux")*

▨ *Grande zone d'émigration des pays du Sud*

▨ *Nouvelle zone d'émigration de l'ancien bloc communiste européen*

▨ *Principale zone d'accueil avec une grande mobilité interne*

✹ *Zone de conflits entraînant des migrations de réfugiés*

DOCUMENT 2 — **Union européenne : la peur d'ouvrir la porte**

Des centaines d'exploitations agricoles britanniques comptent de plus en plus sur des travailleurs d'Europe de l'Est pour pourvoir les emplois dont les locaux ne veulent pas. Certains exploitants passent par les services officiels pour leur délivrer des permis de travail. D'autres font appel à des rabatteurs qui leur fournissent très rapidement des journaliers, dont certains sont en situation irrégulière. Ils sont recrutés par des réseaux de trafiquants souvent peu scrupuleux.

Aujourd'hui, le Royaume-Uni est loin d'être le seul pays à embaucher – légalement ou illégalement – des étrangers pour ce type d'emploi. [...] Jadis, l'Europe « exportait » ses ressortissants pour coloniser ou gouverner des terres lointaines. Aujourd'hui, le continent – ou du moins son moteur central, l'Union européenne – est confronté à une situation totalement différente : les pays membres, qui connaissent une expansion économique mais aussi un vieillissement démographique, ont de plus en plus recours aux étrangers.

D'après *The Economist* (Londres), in *Courrier international*,
dossier spécial Immigration, juillet 2000.

DOCUMENT 3 — Italie. Plus de 400 immigrés clandestins en bateau

Plus de 400 immigrants clandestins, dont une centaine de femmes et d'enfants, sont arrivés hier à bord d'un navire de pêche sur la pointe sud de la Calabre. Trois membres d'équipage, qui dans un premier temps ne semblaient pas se trouver à bord et ont laissé les clandestins débarquer seuls, ont ensuite été arrêtés. Selon les médias italiens, la plupart des immigrés semblaient être des Kurdes, Pakistanais, Afghans et Indiens. Il y a 74 enfants en bas âge parmi eux.

Le Télégramme, 28 février 2001.

CORRIGÉS

Accélération et mondialisation des échanges

QUESTIONS DE COURS

1 Le développement des échanges dans le monde est dû à des facteurs politiques comme la **création d'organismes internationaux** (le GATT remplacé par l'OMC en 1995), à des facteurs économiques comme la **diminution des droits de douane** encouragée par le GATT puis l'OMC et la **création de zones de libre-échange** (l'UE et l'ALENA) et à des facteurs technologiques. La **modernisation des navires** qui ont un plus gros tonnage, **leur spécialisation** (tankers, porte-conteneurs) permettent une baisse des coûts de transport.

2 L'**Amérique du Nord**, l'**Europe de l'Ouest** et l'**Asie-Pacifique** sont les **trois grands pôles du commerce mondial**. Les grandes routes maritimes partent et convergent vers ces trois pôles qui sont des **façades maritimes**.

3 Les produits les plus échangés dans le monde sont des **produits industriels** (électronique, matériel de transport) qui représentent plus de 75 % des biens en valeur.

4 Le mouvement de migration des PED vers les pays industrialisés s'explique jusqu'en 1974 par un **fort besoin de main-d'œuvre des pays du Nord**. Aujourd'hui, ces pays du Nord limitent les entrées et beaucoup de migrants sont des clandestins.

BREVET – Épreuve de géographie

QUESTION 1

a) On peut distinguer **deux zones** d'émigration :
– celle qui regroupe **les pays du Sud dont les hommes vont vers les pays du Nord** ;
– celle qui est récente et qui se trouve **dans la région de l'ancien bloc communiste européen appelé Europe de l'Est**.

b) **Les motifs et les causes** de ces mouvements migratoires sont **soit d'ordre économique, soit d'ordre politique**.

QUESTION 2

Selon les documents 1 et 2, l'importance des flux migratoires à destination de l'Union européenne peut s'expliquer ainsi : **le vieillissement de la population européenne et le peu d'attrait de certains emplois pour les « locaux »** nécessitent de faire appel à une main-d'œuvre peu ou pas qualifiée, généralement venue des pays du Sud, ou plus récemment des anciens pays de l'Est.

QUESTION 3

a) Les immigrants clandestins se heurtent au **problème des « passeurs » peu fiables et malhonnêtes**. Beaucoup parmi eux n'arrivent pas à destination ; ceux qui y arrivent doivent faire face à des **problèmes multiples car ils résident de façon illégale** dans le pays où ils ont choisi d'immigrer.

b) L'immigration clandestine pose aux pays d'accueil de sérieux problèmes (**intégration, xénophobie…**) à tel point que les quinze pays de l'Union européenne ont consacré en juin 2002 un sommet extraordinaire à ce sujet. Beaucoup parmi eux veulent durcir la lutte contre l'immigration clandestine et l'abus du droit d'asile et faciliter le retour et la réadmission des clandestins dans leur pays.

PARAGRAPHE ARGUMENTÉ 4

Les flux migratoires dans le monde aujourd'hui

Depuis la Seconde Guerre mondiale, les flux migratoires se sont amplifiés et ont évolué. Les flux d'émigration économique sont les plus importants. Ils représentent les deux tiers des migrations internationales.

Ces migrations résultent des inégalités économiques entre les pays.
Elles vont des pays en forte croissance démographique du Sud vers les riches pays du Nord. **L'Amérique du Nord,** où des migrants d'Amérique latine ou d'Asie viennent s'établir, **constitue un grand foyer d'immigration**. **L'Europe** qui était un foyer d'émigration est devenue une terre d'immigration. Elle **accueille principalement des travailleurs venus des pays pauvres du Sud (Maghreb, Afrique noire, Turquie)** qui espèrent trouver un emploi ou avoir un revenu plus élevé. Parmi ces travailleurs immigrés, certains sont issus des anciennes colonies, comme les Indiens au Royaume-Uni, les Maghrébins en France. En Europe, de **nouvelles migra-**

tions se sont mises en place allant de l'Est vers l'Ouest tandis que des **migrants très qualifiés** quittent l'Europe **à destination des États-Unis**. On parle de la «fuite des cerveaux».

Près du tiers des migrants internationaux sont des réfugiés. Leur nombre va en augmentant. Ils ont quitté leur pays pour fuir une guerre souvent civile (Bosniaques, Rwandais) ou des persécutions (Afghans, Kurdes…). Ils sont à la recherche d'une terre d'asile et parfois vivent dans des camps de réfugiés provisoires.

Les conséquences de ces migrations sont complexes. Dans les pays d'accueil, **l'immigration accroît la population totale et ralentit le vieillissement**. Les travailleurs immigrés occupent souvent des emplois faiblement rémunérés et peu qualifiés. Mais **sur le plan social, la cohabitation des différentes communautés pose parfois des problèmes**.

C'est pourquoi **les pays de l'Europe des Vingt-cinq sont décidés à lutter contre l'immigration clandestine qui s'est amplifiée ces dernières années**. Des pays comme l'Espagne ou l'Italie sont confrontés à un afflux de clandestins dont le nombre ne cesse de croître.

14 De la guerre froide à la dislocation des blocs

🎧 www.prepabrevet.com

1 Deux blocs se mettent en place

■ Dès le lendemain de la Seconde Guerre mondiale, Churchill dénonce le « rideau de fer » qui s'abat sur l'Europe et la sépare en deux blocs.

• **À l'Ouest**, les **démocraties libérales** sont considérées comme « le monde libre ». Elles acceptent l'aide financière des Américains, le plan Marshall (1947), et forment avec les États-Unis une alliance militaire, l'OTAN (1949).

• **À l'Est**, les **démocraties populaires** suivent le **modèle soviétique**. Staline les lie économiquement par le COMECON ou CAEM (1949), et militairement par le Pacte de Varsovie (1955).

2 L'affrontement des deux blocs ou la guerre froide (1948-1962)

■ **La première** crise grave a pour cadre **Berlin en 1948**. Elle aboutit à la coupure de l'Allemagne en deux États, la RFA et la RDA. Un an plus tard, la guerre froide gagne l'Asie. Les Américains interviennent militairement en Corée au nom de l'ONU contre les communistes.

■ **En 1953**, Eisenhower succède à Truman ; Staline meurt. **Khrouchtchev** se déclare partisan de la **coexistence pacifique**. Les nouvelles relations entre les deux Grands s'expliquent par « l'équilibre de la terreur ».

■ À côté des deux blocs, **un autre monde** apparaît : en 1955, à la conférence de **Bandung, le tiers-monde** affirme son indépendance.

COURS 14

De la guerre froide à la dislocation des blocs

■ **De nouvelles crises éclatent.** En Hongrie et à Suez en 1956, chaque camp laisse l'autre agir librement. En **1961, la construction du mur de Berlin**, le «mur de la honte», destiné à empêcher le passage vers l'Ouest des Allemands de l'Est, symbolise la division du monde en deux blocs. En **1962**, l'installation à **Cuba** des fusées soviétiques, pouvant menacer les États-Unis, provoque une tension entre les deux États, mais la guerre est évitée.

3 L'entente forcée entre les deux Grands (1962-1989)

■ **À partir de 1960, chaque camp connaît des difficultés.** La Chine de Mao Zedong rompt avec l'URSS (1963), et cette dernière connaît des mouvements de contestation à son égard. Les États-Unis doivent affronter la guerre du Vietnam et de plus, en 1966, la France, présidée par le général de Gaulle, décide de quitter l'OTAN.

■ **Les deux Grands s'efforcent cependant de garder leur prééminence mondiale.** En 1972, ils s'engagent par le **traité de SALT 1** à limiter leur armement nucléaire. En 1975, la **conférence d'Helsinki** confirme la division de l'Europe en deux blocs, mais l'URSS s'engage à respecter les droits de l'homme et les libertés fondamentales. Tout en négociant, chaque Grand pousse ses pions : en 1971, les États-Unis reconnaissent la Chine communiste, et, en 1973, ils aident au renversement d'Allende au Chili. En 1968, les Soviétiques écrasent le «Printemps de Prague», et, en 1979, ils envahissent l'Afghanistan.

4 Le désordre mondial : plus d'États et plus de guerres (1989-2004)

■ **En 1991**, dix républiques d'URSS proclament leur indépendance. C'est la **fin de l'URSS**, du CAEM et du Pacte de Varsovie (voir carte p. 127). Gorbatchev démissionne. Lui succèdent Eltsine puis Vladimir Poutine depuis 1999. Les **États-Unis** apparaissent comme la **seule «superpuissance»**, mais pas plus que l'ONU ou l'Europe (élargie à 25 en 2004) ils ne parviennent à maintenir la paix; au contraire, l'attentat contre le Wold Trade Center le 11 septembre 2001 montre qu'ils ne sont pas à l'abri d'attaques terroristes.

■ **Des mouvements nationalistes éclatent dans l'ex-URSS et les Balkans.** En **Tchétchénie**, Moscou refuse de reconnaître l'indépendance autoproclamée dès 1991; la guerre a lieu, suivie de guérilla et d'actes terroristes; le président de la République autonome est assassiné en mai 2004. À l'issue de guerres (1991-1995), de **nouveaux États naissent de l'ex-Yougoslavie**. Dans la nouvelle république fédérale de Yougoslavie, la Serbie entreprend (1999) une véritable « purification ethnique » en chassant les populations albanaises à majorité musulmane de la province du **Kosovo**. L'OTAN intervient militairement contre la Serbie; la province reste administrée par les Nations unies avec la présence d'une force internationale de paix (la KFOR).

■ **Au Proche-Orient**, depuis les guerres entre Israël et les États arabes voisins (1949, 1967, 1973), la tension reste permanente entre Israéliens et Palestiniens. Le chef du gouvernement d'Israël, Ariel Sharon, bloque les accords prévoyant la création d'un État palestinien (2000), multiplie les incursions armées dans les territoires palestiniens et construit un mur de séparation. Les Palestiniens y répondent par l'Intifada « (la révolte des pierres ») et des attentats kamikazes. La mort d'Arafat et son remplacement par Mahmoud Abbas donnent de nouveaux espoirs à la paix (2005).

■ **En Irak**, l'intervention militaire américano-britannique décidée par le président américain Bush (2003), réussit à évincer le dictateur Saddam Hussein mais provoque d'importants troubles entre les communautés religieuses et le chaos politique et économique dans tout le pays. Un mouvement général antiaméricain apparaît dans la majorité des opinions des pays arabes tandis que se multiplient dans le monde des attentats terroristes.

DÉFINITIONS

1. Quelques pays et organisations à connaître

■ **COMECON** ou **CAEM :** Conseil d'aide économique mutuelle mis en place par l'URSS pour aider économiquement les pays communistes.

■ **OECE :** Organisation européenne de coopération économique créée le 16 avril 1948 par les États qui ont accepté l'aide Marshall.

■ **OLP :** Organisation de libération de la Palestine.

■ **OTAN :** Organisation du traité de l'Atlantique Nord. Système d'alliance réunissant autour des États-Unis et du Canada les pays de l'Europe occidentale. (Voir p. 265)

■ **Pacte de Varsovie :** pacte signé le 14 mai 1955 entre l'Union soviétique, la Pologne, la Hongrie, la Bulgarie, la Tchécoslovaquie, la Roumanie et l'Albanie. La RDA n'en fait pas partie à cette époque.

■ **Perestroïka :** mot russe désignant un aspect du programme de réformes lancé par Gorbatchev en 1985 (refonte, reconstruction du système économique soviétique).

■ **RDA :** République démocratique allemande ; nom donné à l'Allemagne de l'Est en 1949, occupée par les Soviétiques (capitale : Berlin-Est).

■ **RFA :** République fédérale d'Allemagne ; nom donné à l'Allemagne de l'Ouest reconstituée en État en 1949 (capitale : Bonn).

2. Quelques définitions pour comprendre les relations internationales

■ **Démocratie libérale :** régime politique dans lequel existent plusieurs partis politiques et où les libertés fondamentales sont respectées.

■ **Démocratie populaire :** État dirigé par le parti communiste. Les pays de l'est de l'Europe sous influence soviétique sont désignés sous le terme de démocraties populaires après 1947. Elles s'affranchissent de l'URSS et du communisme en 1990.

■ **Équilibre de la terreur :** situation où la force respective des puissances opposées se trouve être équivalente, provoquant la même crainte de la guerre de part et d'autre.

■ **Guerre froide :** situation de tension entre les États-Unis, l'URSS et leurs alliés réciproques ne débouchant pas cependant sur un conflit armé direct.

■ **Tiers-monde :** désignait, à l'époque de la guerre froide, l'ensemble des pays en voie de développement. Dans un sens politique, désignait un groupe de pays ayant une politique neutraliste, refusant de choisir entre les deux grands blocs (États-Unis et URSS).

L'affrontement de deux mondes

2 000 km (à l'équateur)

- JAPON
- CHINE
- URSS
- PHILIPPINES — OTASE
- THAÏLANDE
- IRAN — PACTE DE BAGDAD
- OTAN
- CANADA
- ÉTATS-UNIS
- CUBA
- GUATEMALA
- PANAMA

Océan Pacifique
Océan Indien
Océan Atlantique
Océan Pacifique

Légende :
- États-Unis et pays alliés
- Base militaire américaine
- Union soviétique et pays alliés

COURS 14
De la guerre froide à la dislocation des blocs

La Russie et les nouveaux États

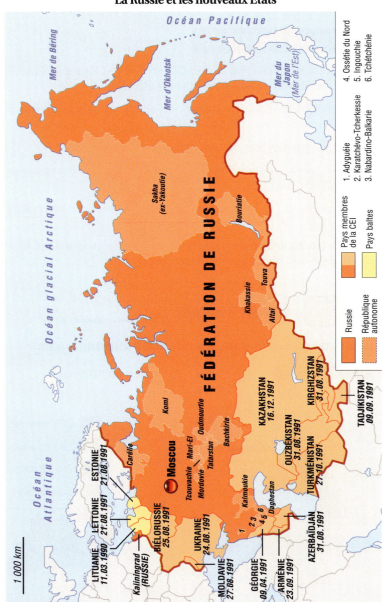

EXERCICES & SUJETS

QUESTIONS DE COURS ▸ corrigé p. 131

1 Quelle est, en 1945-1948, la situation en Europe? Pourquoi Churchill parle-t-il d'un «rideau de fer» entre l'Est et l'Ouest?

2 Qu'appelle-t-on doctrine Truman ou encore «politique d'endiguement» ou d'encerclement? (cf. carte p. 126)

3 Pourquoi une certaine détente apparaît-elle à partir de 1953?

4 Quelles crises internationales graves auraient pu remettre en cause la paix entre 1956 et 1962?

5 Qu'appelle-t-on le «tiers-monde»? Quelle conférence lui a donné naissance?

6 Quel événement en 1989 provoque la dislocation des deux blocs? Pourquoi parle-t-on d'un nouvel ordre mondial?

BREVET — Épreuve d'histoire ▸ corrigé p. 132

L'Allemagne et Berlin dans les relations internationales

DOCUMENT 1   Les zones d'occupation en Allemagne décidées en 1945

EXERCICES & SUJETS | 14
De la guerre froide à la dislocation des blocs

DOCUMENT 2 — Déclaration du gouvernement français (9 mai 1950)

« La paix mondiale ne saurait être sauvegardée sans des efforts à la mesure des dangers qui la menacent.

L'Europe ne se fera pas d'un coup, ni dans une construction d'ensemble : elle se fera par des réalisations concrètes, créant d'abord une solidarité de fait. Le rassemblement des nations européennes exige que l'opposition séculaire de la France et de l'Allemagne soit éliminée…

Dans ce but, le gouvernement français propose de placer l'ensemble de la production franco-allemande de charbon et d'acier sous une haute autorité commune, dans une organisation ouverte à la participation des autres pays d'Europe. »

DOCUMENT 3 — Arrivées de réfugiés en RFA en provenance de RDA (1950-1965)

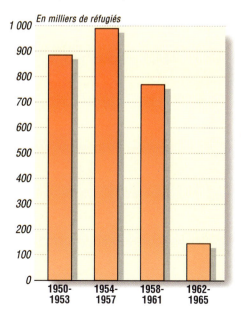

► QUESTIONS

Document 1
1. Quel est le sort réservé à l'Allemagne en 1945 ?

Document 2
2. Quelle est la situation de l'Allemagne à la date du texte ? Quelle proposition le gouvernement français fait-il pour sauvegarder la paix mondiale ?

Document 3
3. Combien d'Allemands de l'Est ont quitté la RDA entre 1950 et 1961 ? Pourquoi le nombre de réfugiés baisse-t-il à partir de 1962 ?

► PARAGRAPHE ARGUMENTÉ

4. À l'aide des documents qui précèdent et de vos connaissances, rédigez une vingtaine de lignes retraçant l'évolution de l'Allemagne dans le cadre des relations internationales. Vous insisterez sur les événements survenus en 1948-1949, 1961, 1989 et 1990.

CORRIGÉS

De la guerre froide à la dislocation des blocs

QUESTIONS DE COURS

1 Au lendemain de la guerre, dans les années 1945-1948, l'Europe se trouve **coupée en deux** : à l'Ouest, les démocraties libérales dites « le monde libre » ; à l'Est, les démocraties populaires liées à Moscou et au système communiste. C'est en raison de cette **division** que Churchill peut parler d'un « rideau de fer », d'une sorte de **frontière infranchissable entre les deux Europe**.

2 La carte p. 126 permet de comprendre la politique d'endiguement, de blocage voulue par le président américain Truman à l'égard du monde communiste. Déjà existante dans le plan Marshall qui **combat le communisme par l'arme économique, la politique d'endiguement est complétée par l'OTAN puis par l'OTASE** (Organisation du traité de l'Asie du Sud-Est) et le pacte de Bagdad constitué par la Grande-Bretagne et les États du Proche-Orient.

3 Une certaine détente apparaît à partir de 1953 quand de **nouveaux hommes arrivent au pouvoir, partisans d'une coexistence pacifique** : Eisenhower aux États-Unis, Khrouchtchev en URSS après la mort de Staline.

4 Plusieurs crises internationales auraient pu remettre en cause la paix entre 1956 et 1962 : la **construction du mur de Berlin en 1961, la crise de Cuba en 1962**.

5 Le terme de « tiers-monde » désigne un **ensemble de pays nés après la décolonisation et qui refusent de se rattacher à l'un ou l'autre des deux « blocs », occidental et soviétique**. Ces pays d'Afrique et d'Asie, vingt-neuf nations, se retrouvent à la **conférence de Bandung** (avril 1955) en Indonésie et décident leur « non-alignement », leur volonté d'indépendance et de souveraineté à l'égard des « blocs ».

6 La dislocation des « blocs » se concrétise après la **chute du mur de Berlin** (1989).

On peut parler d'un **nouvel ordre mondial** : à l'époque des « blocs » et des deux « Supergrands », URSS et États-Unis, succède un monde exclusivement dominé par une seule grande puissance, les États-Unis.

BREVET – Épreuve d'histoire

QUESTION 1

En 1945, l'Allemagne qui vient de capituler après six ans de guerre totale est **divisée en zones, occupées par les vainqueurs** du conflit : les **Soviétiques à l'Est**, les **Américains**, les **Anglais** et les **Français à l'Ouest**. **Berlin**, la capitale, est également divisée entre les quatre vainqueurs.

QUESTION 2

À la date du texte, 9 mai 1950, **l'Allemagne est divisée en deux États** : la **RFA** ou République fédérale allemande, et la **RDA** ou République démocratique allemande. Cette division fait suite au blocus de Berlin mis en place par Staline mais levé en 1949. Cette coupure définitive de l'Allemagne accentue l'opposition des deux blocs en Europe. C'est dans cette situation extrêmement tendue que le gouvernement français propose de **placer l'ensemble de la production franco-allemande** de charbon et d'acier sous une **haute autorité commune**. Les bases de la CECA, ancêtre de la CEE, sont jetées.

QUESTION 3

C'est près de **3 millions d'Allemands** (2,7 millions) qui quittent la RDA pour la RFA de 1950 à 1961. Le nombre de réfugiés baisse brutalement à partir de **1961** après la **construction du mur**, le «**mur de la honte**», qui sépare désormais la ville en deux. Plus de 100 000 réfugiés cependant, au risque de leur vie, réussissent encore à passer à l'Ouest de 1961 à 1965.

PARAGRAPHE ARGUMENTÉ 4

L'évolution de l'Allemagne dans le cadre des relations internationales

En **1945**, l'**Allemagne est un pays vaincu**. Elle est traitée comme tel et son territoire est occupé par les quatre pays vainqueurs de la guerre.

En **1948**, Berlin est au cœur d'une **première crise internationale**. En effet, les États-Unis, la Grande-Bretagne et la France décident l'unification progressive des trois zones occidentales de l'Allemagne. Staline déclenche alors en juin 1948 le **blocus de Berlin-Ouest**. Les Alliés ripostent par un pont aérien qui ravitaille la ville. Staline lève ce blocus après onze mois de tension mais la **coupure de l'Allemagne** est désormais achevée : **la RFA et la RDA naissent en 1949.**

En **1950**, la France prend l'initiative d'une **réintégration de l'Allemagne** dans la **communauté internationale** et d'une alliance avec la RFA. Elle propose la Communauté européenne du charbon et de l'acier (**CECA**). Celle-ci naît en **1951** et est élargie à six États. En **1954**, **la RFA rejoint l'OTAN**, tandis que la RDA adhère au Pacte de Varsovie.

En **1961**, une **nouvelle crise** éclate à Berlin. Près de 3 millions d'Allemands de l'Est (RDA) passent à l'Ouest entre 1950 et 1961. À l'initiative de la RDA, un mur est construit entre Berlin-Ouest et Berlin-Est pour empêcher cette hémorragie. C'est le « **mur de la honte** », comme le nomment les Occidentaux.

En **novembre 1989**, alors que la politique de Gorbatchev laisse prévoir la fin de la guerre froide, des manifestations massives provoquent **la chute du mur de Berlin**. Le régime communiste de la RDA s'effondre, et les **deux Allemagne** sont réunifiées en 1990.

15 L'émancipation des peuples dépendants

 www.prepabrevet.com

1 Les origines de la décolonisation

■ De 1945 à 1962, la majeure partie des empires coloniaux s'effondrent. Les États qui avaient été colonisés deviennent indépendants. Plusieurs **facteurs** peuvent expliquer ce vaste **mouvement de décolonisation**.

• **La Seconde Guerre mondiale** a détruit le mythe des pays européens invincibles et coupé les liens entre les métropoles et leurs colonies pendant des périodes plus ou moins longues.

• Les **mouvements nationalistes** réclament l'application des principes européens de liberté et d'égalité.

• Les **États-Unis et l'URSS** condamnent le système colonial et appuient les revendications des pays colonisés, tandis que la tribune de l'ONU devient le lieu privilégié des attaques contre les puissances coloniales.

• Les **pays du tiers-monde** révèlent leur existence et leur force à la conférence de Bandung.

2 Les étapes de la décolonisation

■ Le mouvement de décolonisation part d'abord de l'**Asie**.

• L'Inde obtient son indépendance en **1947**, après plusieurs années de lutte non-violente conduite par **Gandhi** et **Nehru** contre la puissance britannique. Cependant, après l'indépendance, la minorité musulmane se détache de la majorité hindoue et fonde le Pakistan. Cette partition de l'Inde entraîne violences et transferts de population (voir carte ci-après).

COURS 15
L'émancipation des peuples dépendants

La décolonisation : l'exemple de l'Inde

- De **1946 à 1954**, la France mène une longue **guerre** en **Indochine** contre le communiste Hô Chi Minh soutenu par l'URSS et la Chine. Après la défaite de Diên Biên Phu (**1954**), la France signe les **accords de Genève** et quitte l'Indochine. L'ancienne colonie française se divise après l'indépendance en quatre États : le Vietnam du Nord, le Vietnam du Sud, le Laos et le Cambodge.

■ Le mouvement de décolonisation **gagne ensuite l'Afrique du Nord**. La **Tunisie et le Maroc** (protectorats français) retrouvent leur indépendance en **1956**.

■ En **Algérie**, département français, la colonisation est ancienne et la population européenne est nombreuse. C'est au terme d'une **guerre de huit ans** (1954-1962) qu'elle obtient l'**indépendance (accords d'Évian)**. Cette guerre a des répercussions importantes sur la vie politique française. Elle ramène au pouvoir le général de Gaulle après le 13 mai 1958 (voir p. 195). Elle déclenche une guerre civile entre le gouvernement français et l'OAS (1960), puis entre le gouvernement et les généraux rebelles (1961).

■ **L'Afrique noire** accède à l'indépendance dans les années 1960.

• Douze années de guerre sont nécessaires dans les colonies portugaises du Mozambique et de l'Angola.

• Dans l'Afrique anglophone, la décolonisation est soit rapide comme au Kenya, soit plus lente quand de nombreux colons s'opposent à l'indépendance comme en Rhodésie du Sud.

• La décolonisation se fait facilement dans les colonies françaises, sauf à Madagascar.

③ Les conséquences de la décolonisation

■ La décolonisation entraîne souvent d'**importants transferts de population**. Ainsi, la France doit-elle accueillir plus d'un million de « pieds-noirs » en 1962, après l'indépendance algérienne.

■ L'indépendance politique est rarement suivie par l'indépendance économique. Le poids du passé colonial pèse très lourd et **l'économie doit être rebâtie** et réorientée. De nouvelles formes de domination apparaissent et **le sous-développement persiste**.

■ Les **frontières** mises en place sont souvent **artificielles** et regroupent des ethnies différentes, ce qui explique les **fréquents conflits**, l'existence de régimes militaires et la succession de coups d'État.

COURS 15

L'émancipation des peuples dépendants

DÉFINITIONS

■ **Charte de l'Atlantique :** texte cosigné par les États-Unis et par l'Angleterre le 14 août 1941. Les deux signataires s'engageaient à « respecter le droit qu'a chaque peuple de choisir la forme de gouvernement sous laquelle il doit vivre ».

■ **Décolonisation :** c'est le fait, pour un pays anciennement colonisé, de devenir indépendant.

■ **FLN :** en Algérie, Front de libération nationale.

■ **Guérilla :** guerre de partisans. La guérilla sera la forme de lutte utilisée en Indochine.

■ **Non-violence :** principe opposé à tout emploi de la force et de la violence dans l'action politique. En Inde, sous l'influence de Gandhi, elle prend une forme de campagnes de désobéissance et de boycott des produits anglais.

■ **OAS :** en Algérie, Organisation de l'armée secrète.

■ **Pied-noir :** surnom donné aux Français nés en Algérie.

■ **Protectorat :** État qui garde son propre gouvernement mais sous la tutelle d'une puissance coloniale. Le Maroc a été un protectorat français.

EXERCICES & SUJETS

QUESTIONS DE COURS ▸ corrigé p. 140

1 Quelle a pu être l'influence de la Seconde Guerre mondiale sur le mouvement d'émancipation des pays dominés ?

2 Quelles étaient dans les pays colonisés les revendications des nationalistes ? Par qui, à l'extérieur de leur pays, étaient-ils soutenus ?

3 Quelles sont les trois grandes étapes de la décolonisation ?

4 Quelle était la situation particulière de l'Algérie ? Quand et comment acquiert-elle l'indépendance ? Pourquoi ?

5 Pourquoi certains États issus de la décolonisation souffrent-ils d'une grande instabilité politique et sont souvent le théâtre de coups d'État ?

BREVET — Épreuve d'histoire ▸ corrigé p. 140

La France face à la décolonisation

DOCUMENT

« Considérant que l'émancipation des peuples est conforme, tout à la fois, au génie de notre pays, au but de nos grands colonisateurs, conforme aussi au mouvement irrésistible qui s'est déclenché dans le monde à l'occasion de la guerre mondiale, j'ai engagé dans cette voie-là la politique de la France. Ce n'est pas que je renie l'œuvre colonisatrice de l'Occident. […] Mais je n'en crois pas moins qu'il faut savoir, quand le moment est venu, reconnaître à tous le droit de disposer d'eux-mêmes.

[…] Est-ce que les nouvelles souverainetés doivent être acquises et exercées contre l'ancien colonisateur, en le maudissant, ou bien, au contraire en accord amical ? La réponse me paraît être recommandée par le bon sens. À quatorze républiques africaines et à la République malgache, la France a proposé sa coopération. »

Conférence de presse du **général de Gaulle**, 5 septembre 1960.

EXERCICES & SUJETS | 15
L'émancipation des peuples dépendants

QUESTIONS

1. Que veut dire le général de Gaulle quand il parle d'un «mouvement irrésistible qui s'est déclenché dans le monde à l'occasion de la guerre mondiale»?

2. Dès 1941, la Charte de l'Atlantique avait reconnu aux peuples «le droit de disposer d'eux-mêmes» dont parle le général de Gaulle. Quels sont les deux États qui avaient cosigné ce texte?

3. À quelles situations précises le général de Gaulle pense-t-il quand il pose la question: «Est-ce que les nouvelles souverainetés doivent être acquises et exercées contre l'ancien colonisateur, en le maudissant»?

PARAGRAPHE ARGUMENTÉ

4. Rédigez un texte répondant au sujet posé: «La France face à la décolonisation», en prenant plus particulièrement deux exemples, celui de l'Indochine et celui de l'Algérie.

CORRIGÉS

QUESTIONS DE COURS

1 La Seconde Guerre mondiale a considérablement affaibli les puissances coloniales. **Elles ont été coupées momentanément de leurs colonies et vaincues ou occupées par l'Allemagne ; elles ont montré qu'elles n'étaient pas invincibles.** Au contraire, les deux grandes puissances victorieuses, les États-Unis et l'URSS soutiennent le mouvement de décolonisation.

2 Les pays colonisés réclament leur indépendance **au nom des principes européens de liberté et d'égalité**. Ils sont soutenus par les **États-Unis** et l'**URSS.**

3 Trois grandes étapes peuvent être décelées dans le mouvement de décolonisation : d'abord celle qui concerne l'**Asie**, puis celle touchant l'**Afrique du Nord**, et enfin celle qui affecte l'**Afrique noire**.

4 L'Algérie était considérée non comme une colonie mais comme un **territoire français divisé en départements**. L'indépendance ne sera acquise qu'**en 1962 après une guerre de huit années**. Cette longue guerre est due à la présence en Algérie, pays occupé depuis 1830, de plus d'un million de Français, **les « pieds-noirs »** qui considéraient l'Algérie comme leur propre pays.

5 Certains États issus de la décolonisation souffrent d'une grande instabilité politique : cela est dû le plus souvent à des **frontières très artificielles**, héritées du colonisateur, **à la présence dans le même État de tribus, de groupes humains souvent très opposés**. Le **sous-développement économique** et la **pauvreté persistante** contribuent également à cette instabilité.

BREVET — Épreuve d'histoire

QUESTION 1

Quand le général de Gaulle parle d'un « mouvement irrésistible qui s'est déclenché dans le monde à l'occasion de la guerre mondiale », il fait allusion à la **vague de contestation de la colonisation, qui naît ou grandit dans le contexte international de la Seconde Guerre mondiale**. En effet, comme la Première, la Seconde Guerre mondiale a **affaibli le prestige des**

métropoles européennes. Ainsi, la France a connu l'humiliation de la défaite de 1940 et de l'occupation allemande jusqu'en 1944, et sort épuisée du conflit. **La participation des colonisés au conflit**, leur contribution à la victoire finale créent des conditions favorables à la **dénonciation de leur exploitation par la métropole**. De plus, avant même la fin de la guerre dans le Pacifique, la charte de l'ONU reprend en juin 1945 des principes affirmés dès 1941 : le respect de l'égalité des droits des peuples et de leur droit à disposer d'eux-mêmes.

QUESTION 2

En 1941, la Charte de l'Atlantique affirmant le droit des peuples à disposer d'eux-mêmes est cosignée par les **États-Unis** et l'**Angleterre**.

QUESTION 3

Quand le général de Gaulle se demande si « les nouvelles souverainetés doivent être acquises contre l'ancien colonisateur, en le maudissant », il pose la question des **formes de la décolonisation**. Celle-ci peut être négociée, acceptée en « accord amical », ou au contraire prendre des formes violentes, de **guerre entre métropole et colonie**.

Or la France, qui s'est longtemps refusée à perdre ses colonies, **s'enlise dans des guerres coloniales** depuis la fin de la Seconde Guerre mondiale. De 1945 à 1954, **elle a mené la lutte contre le Viet-Minh en Indochine** ; la guerre s'est achevée par le désastre militaire de Diên Biên Phu et a abouti aux accords de Genève donnant naissance au Vietnam du Nord et au Vietnam du Sud. Quand, en 1960, le général de Gaulle prononce cette allocution, **la France est en guerre contre l'Algérie**.

PARAGRAPHE ARGUMENTÉ 4

La France face à la décolonisation

De 1945 à 1962, les **colonies françaises** accèdent à l'**indépendance** soit **par la lutte armée**, soit **par la négociation**.

Après la capitulation japonaise, le parti Viet-Minh, dirigé par le communiste Hô Chi Minh, proclame l'indépendance du Vietnam en septembre 1945. Cette république démocratique du Vietnam est installée dans le nord-est de la péninsule indochinoise, à la frontière de la Chine. La France se réinstalle en 1945 dans le sud du Vietnam et, malgré des négociations avec Hô

Chi Minh, bombarde en 1946 la ville d'Haïphong : **c'est le début de la guerre d'Indochine**.

Les Vietnamiens pratiquent la guérilla et reçoivent l'aide de l'URSS et de la Chine. **L'armée française est battue à Diên Biên Phu en 1954 et la France négocie alors les accords de Genève**. De l'ancienne Fédération indochinoise française naissent quatre États indépendants.

Les **colonies françaises d'Afrique noire** accèdent, elles, à l'**indépendance pacifiquement** et par étapes. La loi Defferre de 1956 leur accorde l'autonomie. En 1958, toutes, sauf la Guinée, acceptent de faire partie de la Communauté française. En 1960, elles obtiennent leur indépendance et bénéficient de l'aide française sous la forme de coopération.

La **décolonisation de l'Algérie** est la plus **longue**, la plus **difficile**, la plus **violente**. Une série d'attentats éclate en novembre 1954. Ils marquent le début d'une guerre de huit ans.

La première réponse française est la politique d'intégration de l'Algérie à la France par la modernisation du pays. Le Front de libération nationale algérien refuse cette politique. La **violence** s'installe dans les deux camps **à partir de 1955**. De 1956 à 1958, les gouvernements français recherchent surtout une victoire militaire et paraissent subir la loi de l'armée. **La guerre d'Algérie plonge la France dans une crise financière, morale et politique qui va mettre fin à la IVe République.**

Le 13 mai 1958, les **émeutes** menées par les Européens à Alger provoquent le retour au pouvoir du général **de Gaulle**. Celui-ci prépare une nouvelle Constitution, celle de la Ve République. Tout en continuant les opérations militaires contre la guérilla, de Gaulle **négocie à partir de 1960 avec le FLN**. Mais certains pieds-noirs et des chefs de l'armée s'estiment trahis ; ils tentent une insurrection en avril 1961, puis créent l'Organisation de l'armée secrète (OAS) pour empêcher par la violence toute négociation. Malgré cette sorte de guerre civile, **les accords d'Évian de mars 1962 sont signés et reconnaissent l'indépendance de l'Algérie.**

16 Le monde actuel : diversité et instabilité

www.prepabrevet.com

Un monde bouleversé par les sciences et les techniques

■ Depuis 1945, d'importants **progrès scientifiques et techniques ont bouleversé la vie quotidienne** des hommes mais aussi transformé la compétition entre les grandes puissances. Recherche et industrie travaillent en liaison étroite. De moins en moins de temps sépare une découverte de son application pratique.

Les principales sciences concernées sont la médecine, la physique, la chimie et l'astronomie. Leurs applications ont permis entre autres :

• en 1967, la **première greffe du cœur** ;

• l'utilisation du **rayon laser** dans des domaines multiples (médecine, industrie…) ;

• la mise au point et la généralisation de nouveaux moyens de transports de données (« autoroute de l'information ») par les fibres optiques dont **Internet** est une des utilisations ;

• la découverte de l'espace (1969, l'homme marche sur la Lune ; 1973, lancement du **satellite** américain Landsat pour l'observation des ressources terrestres) ;

• un nouveau traitement de l'information (**informatique**) grâce à l'ordinateur. Leur rapidité de fonctionnement et leur miniaturisation (1977, micro-ordinateur de poche) ne cessent de progresser. Ils sont devenus indispensables dans tous les secteurs d'activités, dans les services (bureautique), dans l'industrie (robotique), dans le secteur militaire…

2 Un monde transformé et uniformisé dans ses habitudes culturelles

■ On peut regrouper sous le terme de « culture » tout ce qui concerne la façon qu'une société a de se voir, de s'exprimer.

■ La rapidité de la transmission des informations grâce aux satellites, les séries télévisuelles américaines diffusées à travers le monde entier, les voyages devenus plus fréquents avec le développement du tourisme et des loisirs ont rendu possible une certaine uniformisation de la culture. Cependant, même si **le marché de l'information et de la culture (cinéma, musique) est largement dominé par les États-Unis**, les cultures nationales restent encore très présentes.

■ **La pratique religieuse**, en ce qui concerne la **religion chrétienne**, a fortement **baissé** dans les pays occidentaux. Elle garde encore une place importante dans les pays du Sud, Amérique latine, Asie. Lancée par le concile de Vatican II (1962-1965), l'adaptation de l'Église à l'évolution de la société reste encore à faire. Elle rencontre l'opposition des milieux intégristes et de certains responsables de la hiérarchie catholique.

■ Dans le monde musulman, **l'islam** fait souvent figure d'élément servant à affirmer son identité. Les **mouvements intégristes** qui **refusent tout modernisme** et veulent un retour aux traditions tentent d'accaparer le pouvoir politique pour créer des États islamiques.

3 Un monde très déséquilibré

■ Après la période des Trente Glorieuses, puis celle du ralentissement économique, la croissance économique a été retrouvée mais les **différences se sont fortement accrues** entre pays riches et pays pauvres, entre pays du Nord et pays du Sud. La **révolution informatique** et le **développement d'Internet** profitent surtout aux pays développés car ils sont les mieux équipés en ordinateurs.

COURS 16
Le monde actuel : diversité et instabilité

■ Dans les **pays du Nord**, la croissance économique ne s'accompagne pas toujours de la croissance sociale. Les suppressions d'emplois dans les secteurs primaires et secondaires entraînent un **très important chômage**. Les États européens, maîtres du monde au début du siècle, sont confrontés aujourd'hui à une redoutable concurrence, celle des États-Unis, mais aussi celle de certains pays asiatiques (Chine, Japon). Face à ces défis, l'Europe tente de renforcer son unité.

■ **La division mondiale entre un «Nord» et un «Sud»** reste très marquée. Mais des pays du Sud (Corée, Taiwan, Argentine…) rejoignent les pays développés tandis que dans les pays du Nord, aux États-Unis et en Europe, l'exclusion devient un phénomène massif. C'est donc à **l'intérieur de chaque pays**, pays développés ou PED, qu'aujourd'hui **coexistent riches et pauvres**, favorisés ou défavorisés.

■ Les **grandes idées** que l'Europe a toujours proclamées sont bafouées : **droits de l'homme, tolérance, liberté**. Si le nombre d'États progresse (environ 200 États dans le monde) et s'ils choisissent en majorité la démocratie, il subsiste encore **beaucoup de régimes dictatoriaux**.

■ Depuis la **fin des années 1980, les guerres se multiplient dans le monde** (voir chap. 14). Elles touchent principalement l'Afrique et l'Asie mais atteignent aussi des régions comme les Balkans. Elles aboutissent à des **créations d'États**. Les problèmes de la paix, du développement et de l'environnement deviennent mondiaux. Les organismes tels que l'ONU et l'OTAN tentent de les régler. L'**Union européenne**, quant à elle, essaie de faire **contrepoids à la suprématie des États-Unis**.

DÉFINITIONS

■ **Bureautique :** ensemble des techniques et des moyens tendant à automatiser les activités de bureau.

■ **Concile :** réunion des plus hautes autorités de l'Église catholique. Il doit être convoqué par le pape et s'adresser à l'ensemble de l'Église.

■ **Informatique :** traitement rationnel de l'information utilisant l'ordinateur.

■ **Intégrisme :** doctrine refusant toute adaptation au monde moderne et voulant rétablir dans son intégralité un système traditionnel.

■ **Internet :** mot qui vient de l'*International Network* (réseau international). C'est un système permettant aux utilisateurs d'ordinateurs de se connecter à un réseau mondial et d'avoir accès à des informations de toute nature.

■ **Robotique :** ensemble des techniques par lesquelles des appareils automatiques, les robots, peuvent se substituer à l'homme pour effectuer des opérations complexes.

■ **Troisième révolution industrielle :** période à partir des années 1970 marquée par des innovations fondamentales bouleversant les méthodes de production (micro-électronique, informatique, biotechnologies…).

EXERCICES & SUJETS

QUESTIONS DE COURS ▶ corrigé p. 150

1 Quels sont les différents domaines dans lesquels les progrès scientifiques et techniques se sont le plus accélérés ?

2 Qu'appelle-t-on Internet ? Auquel des domaines cités précédemment Internet appartient-il ? En quoi Internet peut-il favoriser l'uniformisation de l'information ?

3 Quel pays tend à imposer sa civilisation dans de multiples domaines (cinéma, musique, consommation) ? Quels exemples peut-on donner de cette domination ? (Reportez-vous chap. 18.)

4 Quel est le nom du pape actuel ? Où réside-t-il ?

5 Qu'appelle-t-on « Nord » et « Sud » dans le monde actuel ? Qu'est-ce qui oppose ces deux mondes ?

6 Quelles sont les principales raisons de l'instabilité dans le monde ? Quels sont les continents ou les régions les plus instables ?

7 Pourquoi le nombre d'États dans le monde continue-t-il d'augmenter ? Donner des exemples précis.

BREVET — Épreuve de géographie ▶ corrigé p. 151

Géographie politique du monde d'aujourd'hui

DOCUMENT 1

Le monde a été davantage modifié depuis 1991 et la mort officielle de l'Union soviétique, que durant le demi-siècle précédent. Des régions entières, de l'ex-Yougoslavie à l'Asie intérieure, ont été recomposées sur fond de conflits. Pendant ce temps, les États-Unis s'efforcent d'asseoir leur toute-puissance. De nouvelles organisations voient le jour comme l'Accord de libre-échange nord-américain (ALENA).

Jamais les nationalismes n'ont été aussi forts, créant de nouveaux États. Dans le même temps, un nouvel ordre international a commencé à se dessiner. Cependant, l'effondrement du communisme ne signifie nullement retour de la paix dans les relations internationales ; 25 conflits agitent encore la planète. Luttes ethniques, religions et intérêts économiques provoquent de nouvelles situations de tension ou de guerre.

D'après **P. Chaigneau**, *Dictionnaire des relations internationales*, Economica, 1998.

DOCUMENT 2 — Principales zones de conflits et principaux regroupements économiques régionaux

EXERCICES & SUJETS | 16
Le monde actuel : diversité et instabilité

DOCUMENT 3 — Une conséquence de la mise en place du « Grand marché unique » (caricature de Plantu)

QUESTIONS

Document 1
1. Relevez dans le texte les différentes causes des conflits qui touchent certains continents.

Document 2
2. Relevez les continents les plus touchés par ces conflits.

Documents 1, 2 et 3
3. À l'aide des documents 1, 2 et 3, quels types d'organisations voit-on apparaître ?

PARAGRAPHE ARGUMENTÉ

4. À l'aide de vos réponses aux questions et de vos connaissances, rédigez un paragraphe argumenté d'une vingtaine de lignes dans lequel vous montrerez en quoi le regroupement ou l'éclatement des États favorise une nouvelle organisation du monde actuel.

CORRIGÉS

QUESTIONS DE COURS

1 Les progrès scientifiques et techniques des dernières années ont surtout été très importants **dans le domaine de l'information et dans celui de la médecine**.

2 Le mot «Internet» est une abréviation de l'expression anglo-américaine «**international network**» (réseau international). L'Internet relève du **domaine de l'information** : il **permet la mise en relation de milliers d'ordinateurs entre eux et l'accès à des informations illimitées** (sites Web, messageries, forums, commerce électronique…). Le mot Web (www) est une abréviation de l'anglais *World Wide Web*, **réseau mondial**.

3 Ce sont les **États-Unis** qui dans de nombreux domaines ont su imposer leur civilisation dans une grande partie du monde. Le mode de vie à l'américaine peut être illustré par le **développement des «fast food», des «jeans», du jazz, du rock**…

4 Le pape actuel, chef de l'Église catholique est, depuis avril 2005, **Benoît XVI**. Il réside à **Rome,** au **Vatican**.

5 Les termes de «Nord» et de «Sud» expriment surtout un **stade de développement économique et social** plus ou moins important, les pays du Nord connaissant une croissance économique plus grande que ceux du Sud, les termes de Nord et de Sud correspondant en général à la répartition des pays sur un planisphère. Mais cette **division en termes de richesse ou de pauvreté** souffre aujourd'hui de nombreuses exceptions à l'intérieur même des pays du «Nord» ou du «Sud».

6 Les principales raisons de l'instabilité dans le monde tiennent aux **guerres causées par des problèmes de frontières, par un renouveau des nationalismes et par le sous-développement**. L'**Asie** (Proche-Orient) et l'**Afrique** sont parmi les régions les plus instables.

7 Le nombre d'États dans le monde a récemment augmenté. Cela est dû à la **fin d'un grand empire comme l'URSS** et à **sa division en de nombreuses républiques** mais aussi à l'**éclatement de la Yougoslavie**.

CORRIGÉS 16
Le monde actuel : diversité et instabilité

BREVET — Épreuve de géographie

QUESTION 1

D'après ce texte, la « **mort de l'URSS** » et du bloc communiste a multiplié les frontières et les sources de conflits. Les causes essentielles des guerres sont les luttes **ethniques**, les oppositions **religieuses** et les tensions **économiques**.

QUESTION 2

Les continents les plus touchés par les conflits sont d'abord l'**Afrique**, centrale et occidentale, ensuite l'**Asie**, Proche-Orient et Asie centrale, et enfin l'**Europe**, notamment l'ex-Yougoslavie et les marges du Caucase. Ce sont des régions où les États sont récents.

QUESTION 3

Alors que le nombre d'États se multiplie, des États coopèrent et créent des organisations **internationales** : ce sont des organisations **économiques**, des marchés communs. Elles concernent de **vastes espaces** : Canada, Mexique et États-Unis associés dans l'**ALENA**, une grande partie des États d'Amérique du Sud regroupés dans le **MERCOSUR**, plusieurs États d'Asie du Sud-Est associés dans l'**ASEAN**, enfin, les 25 États d'Europe organisés dans l'**Union européenne**. Dans ces organisations, où les marchandises circulent librement, le rôle des frontières tend à s'effacer.

PARAGRAPHE ARGUMENTÉ 4

En quoi le regroupement ou l'éclatement des États favorise une nouvelle organisation du monde actuel ?

Depuis la fin de la Seconde Guerre mondiale, le nombre d'États a été multiplié par trois dans le monde, le tracé des frontières a donc été profondément modifié. Beaucoup de ces nouveaux États sont nés du **démantèlement des empires coloniaux**, surtout anglais et français. Après 1945, les peuples colonisés d'Asie, puis d'Afrique, ont obtenu des métropoles leur indépendance. Ainsi, en Afrique, 45 États ont été créés.

Puis, l'**effondrement du bloc soviétique** dans les années 1990 a entraîné la multiplication du nombre d'États dans l'ex-URSS et toute l'Europe balkanique. L'**éclatement des États crée de nouvelles frontières**, souvent contestées ; celles-ci regroupent des peuples rivaux pour des raisons culturelles ou religieuses, ou, au contraire elles séparent des peuples unis. Les nationalismes s'amplifient. **Ces frontières nouvelles, instables, sont donc souvent sources de tension, de haine, de conflit**. Afrique, Europe de l'Est, Proche-Orient et Asie centrale sont ainsi déchirées par des guerres entre États ou entre peuples. Ces conflits violents sont souvent amplifiés par la pauvreté et les problèmes de développement, les enjeux religieux et économiques.

En même temps, alors qu'on assiste à la fragmentation du monde, le rôle des frontières s'efface et des **regroupements d'États** se constituent. La plupart des États du monde sont organisés au sein de l'**ONU**, qui multiplie les initiatives pour tenter de maintenir la paix dans le monde, et pour favoriser le développement et l'éducation. La coopération entre des États proches se développe, avec des buts surtout économiques : **de vastes marchés communs** ont été créés en Amérique, en Asie de l'Est et dans l'Union européenne. Dans ces espaces où la paix est installée, les marchandises et parfois les hommes circulent librement.

Le nouvel ordre mondial repose sur une opposition : **à la fragmentation politique du monde semble répondre la volonté d'unification économique** ; celle-ci est aussi la conséquence de la mondialisation qui semble ignorer les frontières, mais les inégalités demeurent dans un monde dominé par les États-Unis.

Histoire-Géographie

Les puissances économiques majeures

17 Les États-Unis, le pays, les hommes

www.prepabrevet.com

1 Un espace immense maîtrisé par les hommes

■ **Les États-Unis sont un véritable continent.** Leur superficie, 9,3 millions de km², représente 17 fois celle de la France. Ils s'étendent sur 4 500 km d'est en ouest et sur 2 500 km du nord au sud. **Le relief des États-Unis frappe par sa simplicité.** Il est organisé en trois larges bandes orientées nord-sud :
• à l'ouest, la Cordillère et les hauts plateaux des Rocheuses ;
• au centre, les plaines et plateaux drainés par le Mississippi ;
• à l'est, les Appalaches surplombant une étroite plaine atlantique.

■ **La superficie, les reliefs, les climats variés constituent des atouts.** Les vastes terres agricoles permettent une grande variété de cultures. Les longues façades maritimes (20 000 km) ouvertes sur l'Atlantique, le golfe du Mexique, le Pacifique sont dotées, surtout à l'est, de sites portuaires de qualité. Les ressources en eau pour l'irrigation, l'électricité, apportées par les fleuves sont très importantes ainsi que les richesses énergétiques et minérales.

■ **Mais les États-Unis subissent des contraintes climatiques.** Les influences maritimes pénètrent difficilement les grandes plaines centrales continentales et à l'ouest du 100ᵉ méridien l'irrigation est nécessaire. Dans le Nord-Est, vagues de froid et tempêtes de neige peuvent succéder aux vagues de chaleur estivale. Les cyclones tropicaux frappent souvent le Sud-Est et les côtes du golfe du Mexique.

■ **Les États-Unis sont dotés d'un réseau de transports le plus vaste du monde** pour la circulation des hommes (avion 18 %, route 80 %) et des marchandises (chemin de fer 37 %, route 26 %). Très dense à l'est, le réseau est plus lâche à l'ouest. Tout le territoire s'organise en fonction de la répartition de la population et à partir de quelques grands carrefours : Chicago, New York, Atlanta.

Atouts et contraintes de l'espace

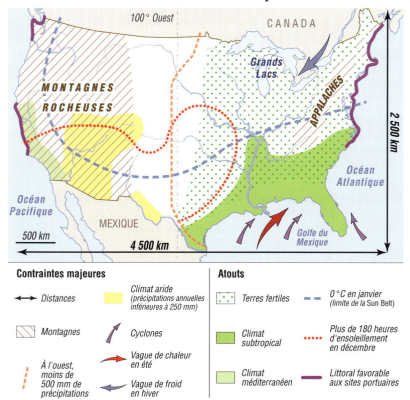

2 Une population aux origines et aux conditions variées

■ La population des États-Unis (302 millions) est constituée essentiellement par les **descendants des immigrants européens** dont font partie les WASP, Blancs de la première vague d'immigration au XIXe siècle. **Les immigrants les plus récents viennent d'Amérique latine** (Latinos ou Hispaniques) et d'Asie. Leur croissance naturelle est plus forte que celle des WASP. La part des minorités ethniques (32 % de la population totale) est de plus en plus importante. Elle serait de 40 % en 2020.

■ **L'intégration et la pauvreté des minorités ethniques** (surtout Noirs et Hispaniques) posent de gros **problèmes**. Ils habitent souvent dans des ghettos, veulent conserver leurs coutumes et leurs langues. Le mélange des différentes ethnies, le « melting pot », n'est qu'un « rêve » de plus en plus difficile à réaliser.

■ **Les États-Unis sont un pays à haut niveau de vie**. Pourtant la pauvreté n'a pas disparu. Entre 14 et 16 % de la population sont considérés comme pauvres et 16 % de la population vivent sans assurance maladie.

3 Une population très urbanisée et très mobile

■ **La population américaine est très inégalement répartie.** Deux habitants sur trois vivent à l'est du Mississippi. Les concentrations de population sont très fortes dans la région des Grands Lacs et sur la façade atlantique.

■ **La population américaine est surtout citadine.** Quatre Américains sur cinq habitent la ville. Quarante agglomérations dépassent le million d'habitants et concentrent près de 50 % de la population américaine. La mégalopolis du Nord-Est rassemble à elle seule 50 millions d'habitants.

• **New York est la ville la plus importante** (24 millions d'habitants dans l'agglomération) avec ses activités commerciales ; c'est le siège des grandes entreprises ; son pouvoir diminue au profit d'Atlanta et de Dallas (gros aéroports).

COURS 17
Les États-Unis, le pays, les hommes

- **Les villes de l'Ouest** profitent du développement économique de la région : Seattle, San Francisco et surtout Los Angeles (8,7 millions d'hab.).
- **Washington** est la **capitale fédérale** des États-Unis.

■ **Les métropoles américaines sont organisées en auréoles concentriques** :
- au centre, la CBD, quartier des affaires reconnaissable par ses gratte-ciel ;
- autour, les quartiers résidentiels souvent dégradés, devenus de véritables ghettos ;
- au-delà, c'est la banlieue habitée par les classes moyennes et aisées.

■ **La population américaine est très mobile.** Chaque année, un Américain sur six change de domicile. Celui-ci a toujours aimé se déplacer : pour conquérir son territoire d'abord, pour rechercher du travail, pour avoir de meilleures conditions de vie. C'est ce qui explique qu'aujourd'hui il quitte le Nord-Est, ancienne région industrielle en crise, pour la *Sun Belt*, région dynamique au climat attirant.

DÉFINITIONS

■ **CBD (*Central Business District*) :** c'est le centre des affaires dans lequel sont concentrés les sièges sociaux, les banques, les grands hôtels.

■ **Ghetto :** quartier d'une grande ville composé surtout de populations pauvres ; aux États-Unis, il s'agit essentiellement des Noirs ou des Hispaniques.

■ **Gratte-ciel :** les plus hauts immeubles d'une ville ; on parle aussi de tours. Le terme est apparu en 1889 pour désigner les nouveaux immeubles de Chicago.

■ **Hispanique :** se dit d'une population originaire de l'Amérique latine dont la langue est l'espagnol. On parle aussi de « Latinos ».

■ **Mégalopolis :** gigantesque conurbation de 45 millions d'habitants, entre Boston et Washington sur 1 000 km de la côte Est des États-Unis. Elle est dominée par les deux villes de New York et Washington.

EXERCICES & SUJETS

QUESTIONS DE COURS ▸ corrigé p. 161

1 Quels sont les grands ensembles du relief de l'est vers l'ouest ? Les localiser sur une carte pour comprendre quelques caractéristiques du climat et la répartition des activités agricoles.

2 Où les ports les plus actifs sont-ils situés ? Comment peut-on expliquer cette localisation ?

3 Qui immigre aujourd'hui aux États-Unis ? Quels changements y a-t-il par rapport à l'immigration ayant précédé la Première Guerre mondiale ?

4 Quel est le pourcentage de la population urbaine ? Comment appelle-t-on le plus grand ensemble urbain des États-Unis ? Quelles sont les principales villes qui en font partie ?

5 Comment les métropoles américaines sont-elles organisées ?

BREVET — Épreuve de géographie ▸ corrigé p. 162

Répartition et mouvements actuels de la population aux États-Unis

▶ QUESTIONS

Document 1 (voir page suivante)

1. Quels sont les deux aspects essentiels représentés sur la carte ?

2. Comment nomme-t-on l'ensemble urbain qui s'étend de Boston à Baltimore ?

Document 2 (voir page 160)

3. Où sont les plus fortes densités de population ?

4. Comment, d'après le texte, cela s'explique-t-il ?

5. « Les pionniers du XIXe siècle ont légué à leurs descendants un goût effréné de la mobilité et du changement. » Comment l'auteur du texte et la carte justifient-ils ce jugement ?

EXERCICES & SUJETS | 17
Les États-Unis, le pays, les hommes

▶ PARAGRAPHE ARGUMENTÉ

6. Rédigez un texte d'une vingtaine de lignes dans lequel vous montrerez et expliquerez les mouvements actuels de la population américaine à l'intérieur des États-Unis.

DOCUMENT 1

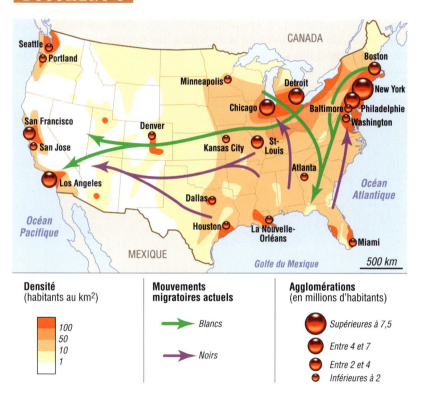

DOCUMENT 2 — **D'hier à aujourd'hui : la mobilité des Américains**

« Arrivés dans les ports, puis les aéroports de la côte atlantique, les immigrants européens restèrent en général à proximité de leur point de chute ; c'est pourquoi les plus fortes densités de population du pays sont encore dans la région comprise entre l'Atlantique et les Grands Lacs. Quelques-uns pourtant, et aussi des Américains de souche, allèrent chercher fortune dans le Middle West et le Far West. Les États-Unis se sont peuplés pour l'essentiel d'Est en Ouest […]. Les pionniers du XIXe siècle ont légué à leurs descendants un goût effréné de la mobilité et du changement, la certitude que des opportunités s'offrent ailleurs et que la fortune sourit à ceux qui savent rebondir après un échec. Tous les ans, 8 millions d'Américains déménagent dans un autre État, tandis que des retraités se déplacent plusieurs mois par an d'un site touristique à un autre. »

Claude Moindrot, *Les États-Unis, Géographie économique*, Hachette Éducation, 1995.

CORRIGÉS

Les États-Unis, le pays, les hommes

QUESTIONS DE COURS

1 Le relief des États-Unis de l'est vers l'ouest s'organise en trois larges bandes orientées nord-sud :

– à l'est, **la montagne des Appalaches** qui s'étire du nord au sud sur plus de 2 000 km ;

– au centre, **les grandes plaines et les plateaux drainés par le Mississipi et ses affluents** ;

– à l'ouest, les **montagnes Rocheuses** constituées de hauts plateaux et de dépressions comme le Grand Canyon et la Grand Vallée.

2 Les grands ports les plus actifs sont situés sur la **côte Est**. Cela s'explique **par l'histoire** – c'est le **lieu d'arrivée des premiers colons** – mais surtout **par le commerce avec les pays européens**. Les ports de la côte Ouest se développent rapidement en raison des relations de plus en plus importantes avec l'Asie (Chine, Inde).

3 L'immigration la plus importante aux États-Unis est en **provenance de l'Amérique latine** et tout particulièrement du **Mexique** (plus de 3 millions entre 1991 et 2000). Vient ensuite l'immigration en **provenance de l'Asie** (2,8 millions entre 1991 et 2000). Cela contraste fortement avec ce qui existait avant la Première Guerre mondiale où les immigrants étaient surtout **européens**. L'immigration en provenance de l'Europe dépasse à peine aujourd'hui 1 million d'arrivants.

4 La population des États-Unis est essentiellement urbaine. Près de **80 %** de la population habite en ville. Le plus grand ensemble urbain des États-Unis est la **Mégalopolis** dont font partie **Boston**, **New York**, **Philadelphie**, **Baltimore** et **Washington**.

5 Les métropoles des États-Unis s'organisent **en auréoles concentriques à partir du centre** reconnaissable à son paysage de **gratte-ciel** ; viennent ensuite les **quartiers résidentiels** souvent dégradés et constituant de véritables **ghettos**. Au-delà s'étalent dans la verdure de vastes **banlieues pavillonnaires** organisées par et pour l'automobile (station-service, « fast food », « motels ») avec séparation des lieux de résidence et de commerce (« shopping centers »).

BREVET — Épreuve de géographie

QUESTION 1

Les deux aspects essentiels représentés sur la carte sont d'une part **la densité**, d'autre part **les directions des mouvements migratoires**. À propos de la densité on peut voir que les régions les plus densément peuplées (plus de 50 hab./km²) sont le Nord-Est, la zone des Grands Lacs, quelques zones de la côte Sud et de la côte Ouest. Les mouvements migratoires vont du Nord-Est vers le Sud et l'Est, vers ce que l'on nomme la «Sun Belt».

QUESTION 2

L'ensemble urbain s'étendant de Boston à Baltimore est la **Mégalopolis**.

QUESTION 3

Les plus fortes densités de population concernent le **Nord-Est**, c'est-à-dire selon l'auteur du texte «**la région comprise entre l'Atlantique et les Grands Lacs**».

QUESTION 4

Cette situation s'explique, selon l'auteur du texte, par l'implantation dans cette zone des **premiers immigrants européens** «qui restèrent en général, à proximité de leur point de chute». On sait en effet que les premiers immigrants **venaient d'Europe et abordaient donc sur la côte Est**.

QUESTION 5

Les Américains ont un «goût effréné de la mobilité». Pour l'auteur du texte, il y a dans ce goût du changement une **recherche des opportunités pour mieux repartir, mieux rebondir après un échec**. La carte confirme cette mobilité américaine en donnant les **axes migratoires du Nord-Est vers le Sud et l'Ouest, vers la région du «Sun Belt»** où l'économie se développe et où les conditions de vie sont meilleures.

PARAGRAPHE ARGUMENTÉ 6

Les mouvements actuels de la population américaine à l'intérieur des États-Unis

La population américaine est très mobile. Un Américain sur dix change chaque année de résidence, et le plus souvent s'installe loin. Les mouvements migratoires concernent tous les Américains, noirs ou blancs, actifs ou retraités. **Les principaux flux partent du Nord-Est, se dirigent vers le Sud et l'Ouest**. Ainsi, les États du Nord-Est et ceux de la « diagonale intérieure » qui englobe la majeure partie des Grandes Plaines ont un solde migratoire négatif ; au contraire, les États du Sud et de l'Ouest ont un solde largement positif, ils ont absorbé 90 % de la croissance démographique récente. La **Floride**, le **Texas**, et surtout la **Californie**, devenue l'État le plus peuplé de l'Union, sont les trois **États les plus dynamiques au niveau démographique**.

Cet inégal dynamisme démographique est le reflet d'un inégal dynamisme économique, des mutations récentes de l'espace américain. La *Sun Belt*, « ceinture du soleil » au Sud et à l'Ouest, est aussi la **« ceinture » du dynamisme économique** : abondance des ressources énergétiques, essor de l'agriculture intensive, développement du tourisme, facilité des échanges commerciaux, et surtout important développement des industries de haute technologie, sont créateurs d'emplois donc de flux d'actifs ; le climat ensoleillé attire aussi les retraités. À l'inverse, les industries traditionnelles du **Nord-Ouest industriel** traversent une **période de crise** : la sidérurgie, le textile, l'automobile perdent des emplois. **Cette désindustrialisation explique le solde migratoire négatif de la *Manufacturing Belt***. Mais le déclin est cependant relatif ; la « Manufacturing Belt » conserve des densités élevées, elle assure encore 40 % des productions industrielles, garde des activités tertiaires essentielles, et reste le centre de décision, le « cœur » des États-Unis.

La mobilité de cette population est **un héritage**. À l'image des colons qui ont peuplé par vagues successives le Far West, repoussant la frontière jusqu'à l'océan Pacifique, en s'installant sur des terres non habitées pour les défricher, **les Américains gardent un esprit pionnier de conquête**, n'hésitent pas à aller s'installer loin de chez eux, dans des régions au développement récent, et aussi à changer leurs activités. C'est une population mobile, attirée par la nouveauté.

18 Les États-Unis, puissance économique mondiale

🎧 www.prepabrevet.com

1 La superpuissance mondiale

■ Les États-Unis ont dans le monde une **influence économique considérable** : ils sont la première puissance commerciale du monde. Ils sont à la fois les premiers importateurs et les premiers exportateurs du monde.

Le dollar est la monnaie des échanges internationaux. La Bourse de New York est la plus importante place financière du monde.

■ **Les États-Unis investissent beaucoup dans l'innovation** soutenue par des universités prestigieuses où travaillent à côté des scientifiques américains de nombreux chercheurs étrangers. **Les découvertes** accentuent la position dominante des États-Unis dans les télécommunications, l'aérospatiale, les techniques médicales. Les **multinationales** américaines sont implantées dans le monde entier ; les États-Unis sont les plus importants investisseurs de capitaux dans le monde.

■ **Les États-Unis sont présents dans le monde entier grâce à la puissance de leur marine, de leur aviation, grâce à leurs bases militaires.** Ils se veulent les « gendarmes du monde », comme l'ont montré leur présence à la tête de la coalition anti-irakienne dans la guerre du Golfe (1991), leur action avec l'OTAN dans la guerre contre la Yougoslavie (1999), et leur intervention en Irak (2003).

■ La **culture américaine**, en partie grâce à la langue anglaise, devient de plus en plus un **modèle de culture** :

• le mode de vie américain pénètre la quasi-totalité du monde à travers des produits comme les « fast food », les « jeans » ;

• la télévision, avec les séries américaines, le cinéma, la musique (jazz, rock, rap) jouent un grand rôle dans l'**américanisation du monde**.

2 Le capitalisme au service de la puissance

■ La **liberté d'entreprendre** est le **principe essentiel du système américain**. Elle se traduit par la propriété privée des moyens de production, la libre entreprise, la libre concurrence, la recherche du profit. L'homme idéal dans la société américaine est le « self made man », qui a construit sa fortune tout seul, sans rien posséder au départ.

■ Les **grandes entreprises** sont à la **base de l'économie**. Elles sont souvent gigantesques et transnationales, et elles contrôlent l'essentiel de l'économie. Elles résultent de fusions entre les entreprises d'un même secteur : c'est le cas dans l'automobile et dans l'aéronautique. Elles bénéficient d'une main-d'œuvre abondante, d'un **budget énorme pour la recherche**, d'un vaste marché de consommateurs.

■ Il existe aussi de **nombreuses petites entreprises**, les PME. Elles sont très présentes dans la **sous-traitance** et dans les **services** ; elles assurent 55 % des emplois et sont aujourd'hui très créatrices de nouveaux emplois.

■ **L'État joue un rôle non négligeable** dans l'économie, même si celle-ci reste fondamentalement libérale. L'État :

- participe à la production par le biais de commandes importantes en particulier dans le secteur de l'armement et d'agences comme la NASA ;
- finance plus de 50 % de la recherche ;
- subventionne les secteurs en difficulté, l'agriculture mais aussi l'industrie ;
- intervient militairement à l'extérieur très souvent pour garantir les intérêts économiques américains.

■ **Des faiblesses apparaissent** cependant dans le système libéral américain. Le fort niveau de vie moyen, le faible taux de chômage (4,7 % en 2007), la forte croissance cachent de **grandes inégalités sociales** qui se renforcent et que la **précarité de l'emploi** aggrave. 14 % de la population américaine vit au-dessous du seuil de pauvreté.

3. La première puissance économique

■ **L'agriculture fournit des productions abondantes et variées.** Elle n'emploie que 1,8 % des actifs car elle est **très mécanisée.** Elle est très liée à la recherche pour l'obtention des meilleures variétés (maîtrise l'eau, irrigation, drainage) et est donc très productive. Les exploitations sont très grandes et souvent intégrées à des ensembles industriels agroalimentaires dominés par les multinationales. L'agriculture est cependant le plus souvent en situation de **surproduction**, donc très dépendante des exportations et doit être **subventionnée par l'État.**

■ **La puissance industrielle américaine** s'explique par l'importance des ressources, de la main-d'œuvre, de la demande intérieure et par la forte avance technologique. Face à la **concurrence** (Union européenne, NPI, Japon), les industries ont dû se moderniser, se regrouper, investir dans la recherche, se délocaliser. **Les industries traditionnelles** (sidérurgie, textile, automobile) se sont redressées après une période de crise (dans les années 1980) mais ce sont surtout **les industries de pointe ou de haute technologie** qui assurent la puissance du pays. **L'espace industriel**, d'abord limité au Nord-Est (charbon, fer), **s'est étendu vers la** *Sun Belt* (ports, interfaces avec l'Asie, l'Amérique latine, cadre de vie agréable).

■ **Le secteur tertiaire** domine l'économie. Il emploie près de **79 % de la population active** et représente **75 % du PNB**. Le domaine le plus important est celui de la finance et des assurances. Les activités de services sont surtout implantées **dans les grandes métropoles (New York, Chicago, Los Angeles)** où se concentrent les sièges des plus grandes entreprises américaines ou mondiales.

COURS 18

Les États-Unis, puissance économique mondiale

DÉFINITIONS

■ **Agro-industriel** (*agrobusiness*) : système où l'agriculture est associée à l'industrie et aux services pour la production, la transformation et la commercialisation des denrées agricoles.

■ *Belt* (« ceinture ») : espace consacré à une activité particulière.

■ **Déficit commercial** ou **balance commerciale déficitaire** : il y a déficit pour un pays lorsque la valeur des importations est supérieure à celle des exportations.

■ **Délocalisation** : déplacement d'une unité de production vers un autre pays ou une autre région pour profiter de meilleures conditions de production (main-d'œuvre bon marché, avantages fiscaux…).

■ **Interface** : surface ou zone de contact entre deux milieux, deux régions, deux pays.

■ **Investissement** : dépense destinée à créer ou à augmenter la capacité de production d'une entreprise afin d'en tirer un bénéfice.

■ **PME** : petite et moyenne entreprise.

■ **Puissance** : État qui exerce une influence sur d'autres États et dispose de très importants moyens humains, économiques et militaires.

■ **Sous-traitance** : production d'un bien par une entreprise pour le compte d'une autre.

EXERCICES & SUJETS

QUESTIONS DE COURS ▸ corrigé p. 171

1 Quelles sont les conditions naturelles des États-Unis favorables à l'agriculture et à la variété de ses productions ? Quels autres facteurs interviennent par ailleurs pour expliquer la puissance agricole ?

2 Où les industries anciennes sont-elles localisées ? Et les industries plus récentes ?

3 Quels sont les facteurs qui expliquent la domination mondiale des États-Unis ?

4 Dans quels domaines cette domination dans le monde se manifeste-t-elle ? Pourquoi parle-t-on de « l'américanisation du monde » ? Donner des exemples précis.

5 Donner des exemples d'interventions récentes des États-Unis dans la politique mondiale les mettant au premier rang.

BREVET – Épreuve de géographie ▸ corrigé p. 171

Les régions industrielles des États-Unis et l'évolution actuelle de leur localisation

▸ QUESTIONS

Document 1 (voir page suivante)

1. Quel phénomène important dans la localisation des industries aux États-Unis la carte met-elle en évidence ?

2. Quelles sont les industries surtout touchées par ce phénomène ?

Documents 1 et 2 (voir pages suivantes)

3. Comment la localisation d'industries le long de la frontière mexicaine s'explique-t-elle ?

4. Qu'appelle-t-on les « maquiladoras » ? À qui appartiennent-elles ?

EXERCICES & SUJETS | 18
Les États-Unis, puissance économique mondiale

▶ PARAGRAPHE ARGUMENTÉ

5. Rédigez une synthèse d'une vingtaine de lignes, en vous aidant des documents et de vos connaissances, sur « l'évolution actuelle des régions industrielles aux États-Unis ».

DOCUMENT 1 — L'espace industriel des États-Unis

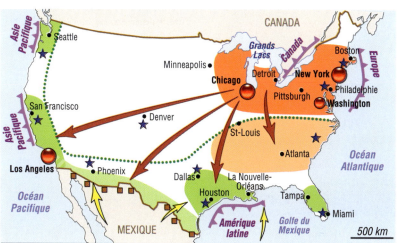

Les régions industrielles
- Manufacturing Belt
- Nouvelles régions industrielles
- Vieux Sud en renouveau
- Nouvelles régions industrielles frontalières

Les nouveaux facteurs de localisation
- Centre de décision (sièges sociaux)
- Technopole
- Interface
- Limite nord de la Sun Belt
- Immigration latino-américaine
- Délocalisation interne des industries de main-d'œuvre
- Maquiladoras

DOCUMENT 2 — La frontière américo-mexicaine

«Cette région industrielle… est née de la frontière : au Sud, une main-d'œuvre nombreuse, acceptant des salaires faibles, prête à se déplacer pour trouver un emploi. Au Nord, le premier marché du monde. Les matières premières traversent la frontière sans payer de droits de douane, pour être élaborées dans les *maquiladoras*, ateliers d'assemblage possédés par les plus grandes firmes des États-Unis. Ce contact a permis la formation d'une véritable région frontalière. Aujourd'hui, près d'un Mexicain sur dix vit le long de la frontière, sur une bande large d'une quinzaine de kilomètres.»

M. Foucher, *Front et frontières*, Fayard, 1991.

CORRIGÉS

Les États-Unis, puissance économique mondiale

QUESTIONS DE COURS

1 La **variété des régions** et surtout des **conditions climatiques** explique la variété des productions de l'agriculture américaine. Les États-Unis disposent en outre, au service de leur agriculture, d'un vaste parc de **machines très sophistiquées** et d'**importants services scientifiques et techniques** qui multiplient les variétés et favorisent la lutte contre l'érosion.

2 Les industries anciennes se trouvent localisées surtout dans le **Nord-Est, la « Manufacturing Belt »**. Cette localisation ancienne s'expliquait par la concentration de la population, l'abondance des ressources en énergie, les moyens de communication et les capitaux. Les industries plus récentes sont implantées dans la *Sun Belt* **au sud et à l'ouest du pays**.

3 La domination mondiale des États-Unis s'explique par **l'importance du dollar**, **la capacité d'innovation et de rcherche** dont profite l'économie mondiale mais dominée par les États-Unis, **le rôle des multinationales et des investissements financiers**, **l'importance des métropoles américaines**, siège des grandes banques et des grandes entreprises, **la présence militaire américaine sur tous les continents**.

4 La domination américaine se manifeste dans les **domaines économiques**, **financiers** (rôle des grandes entreprises et multinationales, rôle de la Bourse de New York) **et militaires**. On peut parler d'« américanisation du monde » en raison de l'**influence de la culture américaine : langue, habitudes alimentaires et vestimentaires, cinéma, musique**.

5 Parmi les interventions récentes des États-Unis dans la politique mondiale, on peut citer leur rôle dans la **guerre du Golfe en 1991** contre le président de l'Irak, Saddam Hussein, qui avait envahi le Koweït, et leur présence à la tête d'une coalition dans la **guerre d'Irak en 2003**.

BREVET – Épreuve de géographie

QUESTION 1

La carte fait ressortir la **délocalisation** ou **déplacement des industries du Nord-Est en direction du Sud**. La *Manufacturing Belt* reste la première région industrielle des États-Unis et la plus ancienne. Mais elle a perdu de son dynamisme et n'attire plus de nouvelles industries. À la *Manufacturing Belt* s'oppose la *Sun Belt*, région du Sud et de l'Ouest très attractive qui connaît une formidable expansion.

QUESTION 2

Les industries les plus touchées par le phénomène de délocalisation sont les **industries dites de main-d'œuvre**, c'est-à-dire les **industries traditionnelles** comme le textile.

QUESTION 3

La localisation d'industries le long de la frontière mexicaine s'explique par la présence d'une **main-d'œuvre mexicaine à bon marché**. Celle-ci traverse la frontière ou reste travailler dans les *maquiladoras*.

QUESTION 4

Les *maquiladoras* sont installées en territoire mexicain. Ce sont des **usines de sous-traitance et d'assemblage à capitaux américains**. D'après le document 2, elles sont possédées par «les plus grandes **firmes des États-Unis**». Mais les capitaux peuvent être également **japonais** ou **coréens**. Les matières premières viennent des États-Unis et la production est exportée vers les États-Unis.

PARAGRAPHE ARGUMENTÉ 5

L'évolution actuelle des régions industrielles aux États-Unis

Dans l'étude de l'évolution actuelle des régions industrielles aux États-Unis, on notera tout d'abord l'**importance toujours actuelle du Nord-Est**, la région traditionnellement appelée la «Manufacturing Belt». Même si la région a subi des crises (sidérurgie, automobile), elle réalise toujours 40 % des productions industrielles. Son importance tient aussi à la présence dans la Mégalopolis des sièges sociaux des entreprises, de la Bourse de New York. Washington, la capitale fédérale, exerce aussi un rôle essentiel.

Mais depuis une quarantaine d'années on assiste à une nouvelle répartition des activités industrielles au profit du Sud et de l'Ouest, la région dénommée la « **Sun Belt** » en raison de son climat ensoleillé. C'est dans cette région que se sont installées les industries de haute technologie, l'électronique et l'informatique (Californie), l'aérospatiale (Texas et Floride). Les conditions climatiques favorables ne sont pas les seuls atouts de cette région : c'est aussi la présence d'une main-d'œuvre importante et à bon marché sur la frontière mexicaine, l'existence de gisements pétroliers au Texas, le rôle de la façade Pacifique dans les relations commerciales de plus en plus importantes avec l'Asie.

19 Le Japon, deuxième puissance mondiale

 www.prepabrevet.com

1 Une puissance qui repose sur des facteurs humains décisifs

■ **Le Japon dispose de peu d'atouts naturels.** C'est un archipel formé de 3 400 îles, dont quatre principales. 80 % de son territoire est constitué de montagnes qui dominent des plaines littorales rares et étroites. C'est un territoire à haut risque soumis à de fréquents tremblements de terre, à des tsunamis et à des éruptions volcaniques.

■ **Les facteurs humains sont décisifs.** Le Japon dispose d'une population abondante (127,5 millions d'habitants). La mentalité des Japonais a joué un rôle important dans la réussite du Japon : ils sont actifs, dévoués à leur entreprise, soudés par le confucianisme et un système éducatif sélectif et de haut niveau.

■ **L'organisation économique s'appuie sur une étroite concertation entre l'État et les entreprises.** L'État, par le METI, donne des informations aux entreprises, aide financièrement les secteurs industriels d'avenir et investit beaucoup dans les transports. Les grandes entreprises sont associées dans de grands groupes et investissent beaucoup dans la recherche. Elles sont associées à de grandes banques qui leur prêtent des capitaux et à des sociétés de commercialisation. Les petites entreprises sous-traitantes ont une capacité d'adaptation rapide. Elles jouent un rôle important dans la compétitivité de tout le système de production.

2 La seconde puissance économique

■ **L'industrie japonaise est la seconde du monde.** Elle fournit 15 % de la production mondiale. Les industries de base (construction navale, sidérurgie) sont encore puissantes mais concurrencées par les NPI d'Asie. Le Japon est le second constructeur d'automobiles avec 16 % de la production mondiale. Toyota, est le numéro 2 mondial après General Motors. Le dynamisme industriel du Japon repose surtout sur les industries de haute technologie comme l'électronique, les télécommunications, la robotique.

■ **La mégalopole qui regroupe 84 % de la population assure 75 % de la production.** Elle s'étend sur le littoral, du nord de l'île de Kyushu à Tokyo, sur 1 200 km de long. Les complexes industriels (usines sidérurgiques et pétrochimiques) sont édifiés sur des terre-pleins gagnés sur la mer.

3 La troisième puissance commerciale du monde

■ **Le Japon est la troisième puissance commerciale du monde** derrière les États-Unis et l'Allemagne. Les exportations représentent 8 % du total mondial. La balance commerciale **est fortement excédentaire** grâce aux exportations de produits industriels très compétitifs et d'un excellent rapport qualité-prix. Il s'agit surtout, pour 99 %, de produits manufacturés à haute valeur ajoutée (automobiles, matériel électronique).

■ **Les importations de produits alimentaires sont nécessaires.** Malgré une agriculture très intensive et très moderne, **le Japon ne couvre que 67 % de ses besoins alimentaires**. Les autres importations concernent les **matières premières**, en particulier les produits énergétiques. Cependant, on constate que les produits manufacturés tiennent une place de plus en plus importante car le Japon est amené à ouvrir son marché intérieur sous la pression de ses partenaires commerciaux.

■ **Le Japon est le pays qui investit le plus à l'étranger** dans les banques mais aussi dans l'immobilier et les industries (automobiles, électronique). Ces investissements ont été ralentis par la crise financière des années 1990. Depuis 2002, un mouvement de reprise s'est amorcé.

■ Le Japon est un **acteur essentiel de l'économie mondiale**. Avec les États-Unis et l'Union européenne, il constitue l'un des trois pôles de la Triade. Les **États-Unis sont les premiers clients** et les premiers fournisseurs du Japon. L'Union européenne est le second partenaire. Mais le Japon est aussi de plus en plus présent en Asie orientale (Chine, Indonésie, NPI d'Asie) grâce à ses investissements et aux délocalisations industrielles.

Une puissance planétaire mais incomplète et fragilisée

■ **Le Japon n'a qu'une faible influence politique et diplomatique**. Il revendique une place permanente au Conseil de sécurité de l'ONU. Son influence culturelle tend à progresser (dessins animés, jeux électroniques).

■ **Un fort ralentissement économique** est perceptible en 1995 avec une série de crises financières. **Très dépendant de l'extérieur**, le Japon souffre des crises des autres pays. Depuis 2002, il bénéficie du rapide accroissement chinois.

■ Le ralentissement de la croissance et les crises provoquent des **bouleversements sociaux**. L'autorité est moins facilement admise, l'emploi à vie n'est plus garanti par les entreprises et la corruption discrédite le pouvoir.

DÉFINITIONS

■ **Confucianisme :** préceptes de vie en société tirés des enseignements de Confucius (philosophe chinois du Ve siècle avant J.-C.) recommandant la modestie, l'abnégation et le respect de la hiérarchie.

■ **Entreprise sous-traitante :** travaille pour une autre entreprise.

■ **METI :** ministère japonais de l'Industrie et du Commerce international. Il collecte les informations sur les technologies et les marchés extérieurs à l'intention des exportateurs et oriente l'industrie.

■ **Terre-plein :** terrain artificiel gagné sur la mer grâce au remblaiement des fonds marins.

EXERCICES & SUJETS

QUESTIONS DE COURS ▶ corrigé p. 180

1 Le Japon dispose-t-il d'atouts naturels ? Justifier.

2 Quel rôle la société japonaise a-t-elle joué dans le développement économique du Japon ?

3 Quelle est l'originalité de l'organisation de l'économie japonaise ?

4 Quelles sont les industries les plus dynamiques aujourd'hui au Japon ?

5 Où l'industrie japonaise est-elle concentrée ?

6 Quels sont les grands partenaires commerciaux du Japon ?

7 Pourquoi la balance commerciale du Japon est-elle excédentaire ?

8 Comment la présence japonaise se manifeste-t-elle à l'étranger ?

BREVET — Épreuve de géographie ▶ corrigé p. 180

Le Japon, une puissance mondiale avec des limites

DOCUMENT 1 « Le Japon, nouvelle référence du consommateur asiatique »

La « pop culture » japonaise fait vendre. Alors que l'économie japonaise sort à peine d'une longue crise, sa culture populaire ne s'est jamais aussi bien exportée. Au point, en Asie, de *l'emporter* sur la référence américaine.

Les spécialistes en marketing appellent cela le « J-sense » – le sens japonais issu du monde des mangas (BD), des jeux vidéo, en passant par la musique populaire et les dessins animés. Les grandes marques qui se lancent à l'assaut de l'Asie, particulièrement du marché chinois, se mettent au diapason de cette nipponemania pour séduire la jeunesse locale […].

Seul pays, avec les États-Unis, à générer une culture de masse exportatrice, le Japon des années de *crise* récolte à travers le monde les produits de son « produit national cool ». « En dix ans, les exportations culturelles du Japon

– incluant la science et la technologie, c'est-à-dire les brevets – ont été multipliées par trois, alors que les exportations de produits, elles, n'ont augmenté que de 21 %», observe Tsutomu Sigiura, spécialiste des industries culturelles à l'institut de recherche Marubeni.

Le Monde, 8 décembre 2003.

Les mots en *italique* correspondent à certaines expressions de l'article, remplacées dans un but de simplification.

DOCUMENT 2   **Carte du commerce extérieur japonais**

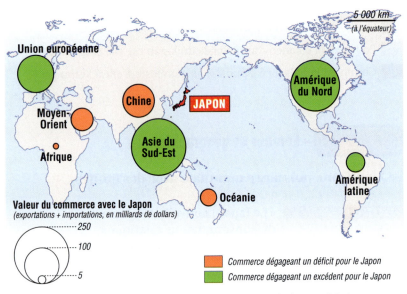

Organisation mondiale du commerce.

EXERCICES & SUJETS 19
Le Japon, deuxième puissance mondiale

DOCUMENT 3 — Aspects de la crise du Japon

Nombre de faillites d'entreprises

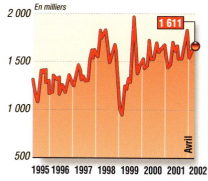

Bloomberg-Tokyo Shoko.

Le chômage

Labor Force Survey Statistics Bureau, Ministry of Public Management, Home Affairs, Posts and Telecommunications (janvier 2002). D'après *La Documentation française*, « Documentation photographique », n°8 029, octobre 2002.

QUESTIONS

Documents 1 et 2

1. À quoi reconnaît-on que le Japon est une puissance mondiale ? (Trois réponses sont attendues.)

2. À quoi voit-on que l'Asie est le premier espace où s'exerce la puissance japonaise ? (Relevez deux éléments.)

Documents 2 et 3

3. Quelles sont les limites de la puissance japonaise ? (Trois réponses sont attendues.)

PARAGRAPHE ARGUMENTÉ

4. Dans un paragraphe argumenté d'une vingtaine de lignes, en vous servant des informations des documents et de vos connaissances, vous montrerez que le Japon est une puissance mondiale avec des limites.

CORRIGÉS

QUESTIONS DE COURS

1 Le Japon **a peu d'atouts naturels**. Son territoire est constitué **à 80 % de reliefs montagneux**. Il est à **haut risque** car il est **soumis fréquemment à des tremblements de terre, à des tsunamis et à des éruptions volcaniques**.

2 Le Japon dispose d'une **main-d'œuvre abondante, active et dévouée à son entreprise**. Elle est soudée par le **confucianisme** et un **système éducatif de haut niveau**.

3 L'organisation économique japonaise repose sur une **étroite concertation entre l'État et les entreprises**. L'État, par le METI, donne des informations aux entreprises, les aide financièrement. Les grandes entreprises investissent beaucoup dans la recherche.

4 **L'industrie automobile** occupe la deuxième place mondiale. **Les industries de haute technologie** comme l'électronique, les télécommunications, la robotique sont très dynamiques.

5 L'industrie japonaise est concentrée **dans la mégalopole qui s'étend du nord de l'île de Kyushu à Tokyo sur 1 200 km de long**.

6 Les grands partenaires commerciaux du Japon sont les **États-Unis**, l'**Union européenne** et les **pays de l'Asie-Pacifique**.

7 La balance commerciale du Japon est excédentaire car il **exporte des produits industriels à forte valeur ajoutée** et **importe des produits alimentaires ou des matières premières à faible valeur ajoutée**.

8 La présence du Japon se manifeste à l'étranger par les **dessins animés et les jeux vidéo**.

BREVET — Épreuve de géographie

QUESTION 1

On reconnaît que le Japon est une puissance mondiale à trois principaux éléments :

– **le Japon commerce avec tous les continents** sauf le continent africain ;

– le Japon s'est rendu **maître dans l'exportation de la culture de masse**, la « pop culture », qui repose sur les mangas, les jeux vidéo et les dessins animés. Leur **influence en Asie dépasse aujourd'hui celle des États-Unis. On parle de « nipponemania »** ;
– les **exportations culturelles** du Japon, incluant la science et la technologie, **augmentent plus vite que les exportations de produits fabriqués**.

QUESTION 2

Deux éléments montrent que l'Asie est le premier espace où s'exerce la puissance japonaise :
– la carte montre que l'**essentiel du commerce japonais se fait avec l'Asie du Sud-Est et la Chine** ;
– **la Chine**, et donc un marché de 1,3 milliard de consommateurs, **est séduite par le modèle japonais**.

QUESTION 3

Trois principaux éléments montrent les limites de la puissance du Japon :
– **son commerce est déficitaire avec le Moyen-Orient, car le Japon importe presque 100 % de sa consommation de pétrole** ;
– depuis 1995, **le nombre de faillites d'entreprises a augmenté** ;
– le **nombre de chômeurs depuis 1991, début du ralentissement économique, n'a cessé de croître**. D'à peine 3 % de la population active en 1991, il est passé à 5 % en 2001. Ces deux derniers éléments montrent que **le Japon est toujours touché par un ralentissement économique**.

PARAGRAPHE ARGUMENTÉ 4

Le Japon, une puissance mondiale avec des limites

Acteur essentiel de l'économie mondiale, le Japon constitue l'un des trois pôles de la Triade. Il est aujourd'hui la **deuxième puissance économique industrielle** après les États-Unis. **La puissance de son industrie** repose sur les industries de base comme **la sidérurgie, la construction navale, la construction automobile** (2e rang mondial) **et l'électronique** (télévisions, appareils photo, vidéo : 2e rang). Depuis 1990, **l'industrie japonaise est essentiellement tournée vers les industries de pointe** (robotique, biotechnologies, télécommunications...) qui représentent plus du quart de la production nationale.

Un autre élément de la puissance japonaise est l'importance prise par l'exportation de sa culture de masse, la « pop culture », par l'intermédiaire de la bande dessinée (le monde des mangas), des jeux vidéo et des dessins animés.

En Asie, la référence japonaise l'emporte sur celle des États-Unis. Les exportations culturelles du Japon, dont font partie la science et la technologie, c'est-à-dire les brevets, progressent plus vite que celles des produits fabriqués. **Tous ces secteurs de l'économie japonaise bénéficient d'une politique de marketing dynamique** qui permet de proposer des produits toujours nouveaux et compétitifs, partout dans le monde, grâce à la puissance commerciale du Japon.

Le Japon est en effet la troisième puissance commerciale du monde, derrière les États-Unis et l'Allemagne. **Ses principaux partenaires sont les États-Unis, l'Union européenne et les pays de l'Asie du Sud-Est.** Aujourd'hui, **le Japon commerce davantage avec l'Asie qu'avec les États-Unis**. La forte demande asiatique fait exploser l'excédent commercial du Japon, tandis que les exportations vers les États-Unis diminuent.

De plus, depuis les années 1980, **les entreprises japonaises se délocalisent vers ces trois mêmes grandes régions**. Les Japonais trouvent, en Europe et aux États-Unis, des marchés importants et une main-d'œuvre qualifiée, et en Asie du Sud-Est une main-d'œuvre peu coûteuse et également des marchés importants et prometteurs.

Cependant, **la puissance japonaise a des limites**. Depuis 1991, **un fort ralentissement économique, accompagné de crises financières, est perceptible**.

Grande puissance commerciale, le Japon est très dépendant de l'extérieur, tant pour l'obtention des marchés que pour se fournir en matières premières et en produits alimentaires. Il importe presque 100 % de sa consommation de charbon, de fer et de pétrole.

Il subit donc les fluctuations du prix des matières premières, en particulier celles du baril de pétrole, **la morosité internationale et les crises des autres pays. Le déficit budgétaire se creuse**, les profits des entreprises diminuent, ce qui provoque l'augmentation des faillites. Cependant, **la reprise économique semble se profiler** à l'horizon. Après avoir atteint en 2002 le pic inédit de 5,3 % de la population active, le chômage est redescendu à 4 % en 2006.

Le « modèle japonais » reste malgré tout en crise. Le ralentissement de la croissance a provoqué des bouleversements sociaux: l'autorité est moins facilement admise, l'emploi à vie n'est plus garanti par les entreprises.

20 L'Union européenne : un pôle économique puissant

🎧 www.prepabrevet.com

1 La mise en place progressive d'une union économique et monétaire

■ **En 1951, six pays** (Belgique, France, Italie, Luxembourg, Pays-Bas et RFA) **participent à la CECA** : celle-ci accélère la modernisation de la sidérurgie et stimule les échanges. En **1957, le traité de Rome**, fonde **la CEE** (Communauté économique européenne). L'objectif est une intégration de plus en plus large avec libre circulation des marchandises, des capitaux et des hommes, et l'instauration de politiques communes dans les domaines de l'agriculture et des transports. Par élargissements successifs, **les Six sont devenus les Vingt-sept**.

■ **En 1991, le traité de Maastricht prévoit** une **monnaie unique** et une **banque centrale européenne**. Les États s'engagent à avoir une politique étrangère commune. Une **citoyenneté européenne est instituée** : toute personne ayant la nationalité d'un État membre est citoyenne de l'Union européenne. La CEE devient l'**Union européenne** à partir de 1992. Le 1er janvier **1999**, onze pays renoncent à leur monnaie nationale pour créer ensemble une **monnaie unique, l'euro**. Ils sont quinze en 2008.

■ **Les accords de Schengen** (1990) instaurent, entre les États signataires, la libre circulation des personnes mais renforcent le contrôle aux frontières extérieures. En octobre 2007, les chefs d'États adoptent un nouveau traité à Lisbonne, prévoyant de nouvelles règles de fonctionnement.

■ **Des institutions sont communes aux vingt-sept pays. La Commission joue un rôle essentiel** : elle propose des politiques communes et assure leur mise en place. Les décisions sont prises par le **Conseil des Ministres ou Conseil de l'Union des Vingt-sept**. Le Conseil européen, composé des chefs d'État ou de gouvernement, définit les orientations politiques les plus importantes.

Le Parlement européen, élu au suffrage universel, est un organe de contrôle. Ces différentes institutions sont réparties en **trois capitales** : Bruxelles, Luxembourg et Strasbourg.

2 Dynamique mais hétérogène

Le dynamisme de l'agriculture et de l'industrie d'un ensemble européen très hétérogène…

■ **L'Union européenne est le deuxième producteur mondial agricole derrière les États-Unis.** Grâce à la PAC (Politique agricole commune), l'agriculture s'est modernisée, mécanisée et est devenue très productive.

Cependant, pour éviter aux agriculteurs des revenus trop irréguliers, les excédents de production faisant baisser les prix, la PAC cherche à limiter les productions par des quotas ou en indemnisant les paysans qui acceptent les jachères. Surtout, une politique d'aide veut réduire les écarts entre les régions.

Malgré cela, l'**espace agricole reste très diversifié**. Les oppositions sont grandes entre les régions de montagne très «assistées», les régions d'élevage et de polyculture (Pologne, Slovaquie, Hongrie) et les régions riches où les activités très mécanisées sont très productives (Europe du Nord, plaine du Pô, Andalousie, plaines côtières méditerranéennes).

■ **L'Union européenne regroupe de très importants foyers industriels** : certains sont en déclin, d'autres se reconvertissent, d'autres sont en plein essor. L'histoire industrielle de l'Europe et la concurrence internationale expliquent cette diversité et ces contrastes.

Beaucoup d'États européens ont connu dès le XIXᵉ siècle un **développement industriel précoce** fondé sur l'exploitation des sources d'énergie (charbon) ou de matières premières (fer) ou sur des activités d'échanges (ports, villes, régions de passage).

Cette ancienneté et la présence d'une main-d'œuvre importante expliquent encore aujourd'hui la **localisation des grandes régions industrielles** : Allemagne centrale et méridionale, Pays de Galles, et Midlands au Royaume-Uni, France du Nord-Est, Pays basque et Catalogne en Espagne. Mais ces régions correspondent souvent aux vieux «pays noirs» et aux anciennes régions textiles ou métallurgiques. Aujourd'hui, elles connaissent d'importants problèmes de reconversion industrielle et bénéficient d'aides de l'Union européenne.

De nouveaux centres industriels se sont développés, plus dynamiques, plus modernes près des grandes villes comme Londres, Milan, Rotterdam ou dans des technopoles. Ils bénéficient de centres de recherche, d'une main-d'œuvre qualifiée, de capitaux importants, d'un cadre de vie plus agréable et d'industries de pointe (aéronautique, informatique, industries alimentaires).

3 L'Union européenne, première puissance commerciale

■ **Le commerce assuré par l'Union européenne représente près de 20 % des échanges mondiaux.** Grands ports et aéroports (Francfort, Londres, Paris) mettent l'Europe en relation avec le monde entier et constituent d'importants pôles d'échanges pour les hommes et les marchandises. Les Bourses de Francfort, Londres, Milan et Paris sont avec celles de New York et de Tokyo les plus importantes du monde. **L'Allemagne, la France, le Royaume-Uni et l'Italie sont, avec les États-Unis et le Japon, les six premières puissances commerciales du monde.** Cette puissance commerciale repose sur l'importance des exportations de produits manufacturés, de machines et matériels de transport.

■ **L'une des particularités commerciales de l'Union européenne est de privilégier les échanges entre les États membres de l'Union : on parle de commerce intracommunautaire.** Celui-ci représente plus de **40 % des échanges** commerciaux. L'Europe dispose, pour faciliter ce commerce, de grands réseaux de transports (autoroutes, TGV), de la libre circulation entre les pays et, depuis 1999, d'une **monnaie unique, l'euro**.

■ Avec 11 % des échanges, **les États-Unis sont les premiers partenaires extérieurs** de l'Union et la balance commerciale est pratiquement équilibrée. La place du **Japon** est plus importante dans le domaine des importations que dans celui des exportations. Des accords commerciaux sont conclus entre les pays de l'Union et les pays ACP et constituent une certaine aide au développement. Une **zone de libre-échange** est en voie d'organisation avec les pays du Sud méditerranéen (Tunisie, Maroc).

DÉFINITIONS

- **ACP :** pays d'Afrique, des Caraïbes et du Pacifique.

- **CECA :** Communauté européenne du charbon et de l'acier (1952). Elle a permis d'instaurer un marché unique du charbon, du fer et de l'acier. Elle a été intégrée dans la CEE en 1967.

- **CEE :** Communauté économique européenne. Créée par le traité de Rome en 1957, elle comprenait au départ 6 pays (RFA, Belgique, France, Italie, Luxembourg et Pays-Bas). Elle s'est élargie en 1973 (Danemark, Grande-Bretagne, Irlande), en 1981 (Grèce), en 1986 (Espagne et Portugal), en 1995 (Suède, Finlande et Autriche) et en 2004. La CEE est devenue l'UE (Union européenne) en 1992. Elle comporte 27 pays.

- **Euro :** monnaie unique européenne en vigueur depuis le 1er janvier 2002 dans douze pays de l'Union européenne (Allemagne, Autriche, Belgique, Espagne, Finlande, France, Grèce, Irlande, Italie, Luxembourg, Pays-Bas et Portugal) rejoints en 2007 par la Slovénie et en 2008 par Chypre et Malte.

- **Zone euro :** ensemble économique formé par les douze pays ayant adopté l'euro.

EXERCICES & SUJETS

QUESTIONS DE COURS ▶ corrigé p. 190

1 Donner les grandes dates repères de la construction de l'Union européenne, des origines à aujourd'hui.

2 Quel est le nombre actuel des États constituant d'une part l'Union européenne, d'autre part la zone euro ?

3 Où les grandes régions industrielles de l'Union européenne se concentrent-elles ? Comment cette localisation s'explique-t-elle ?

4 Avec quels États les pays de l'Union européenne commercent-ils en priorité ? Quel nom donne-t-on à ce type de relations commerciales ?

5 Quelle est la place de l'Union européenne dans le commerce mondial ? Quel est son premier partenaire commercial extérieur à l'Union ?

BREVET — Épreuve de géographie ▶ corrigé p. 190

L'organisation de l'espace économique européen

DOCUMENT 1 La diversité des États de l'Union européenne

	Europe des 15	Europe à 25 (2004)	Europe à 27 (2007)
PIB/hab. (en euro)	25 100	23 100	22 200
Taux de chômage (en %)	7,9	8,7	–
Main d'œuvre agricole totale (en milliers)	6 290	9 804	–
Nombre de voitures pour 1 000 hab.	460	313	–
Nombres de lignes téléphoniques pour 1 000 hab.	54,4	39	–

Organisation Source : Eurostat, 2006.

DOCUMENT 2 **Produit intérieur brut par habitant (2007) et organisation de l'espace**

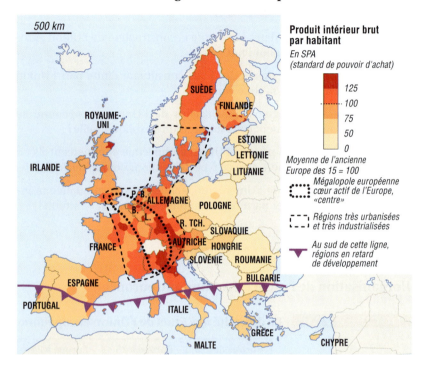

DOCUMENT 3 **La « banane bleue »**

« Une région nouvelle est apparue sur la carte de la reprise économique européenne. Elle capte les investissements et les emplois nouveaux en ignorant frontières et découpages administratifs. Elle s'étire de Londres à Milan, en passant par Bruxelles.

Les eurocrates lui ont donné un nom poétique : "la banane bleue". Or, ce fruit-là nourrit plusieurs régions françaises, celles situées dans le quart nord-est du pays. Une partie du territoire qui a toutes les chances aujourd'hui de se retrouver aux avant-postes de la reprise. Certains signes ne trompent pas. L'an dernier, les trois quarts des 24 000 emplois créés par des

SUJETS 20
L'Union européenne : un pôle économique puissant

investisseurs étrangers en France l'ont été à l'est d'une ligne Le Havre-Lyon-Marseille. Le cas le plus connu est celui du Japonais Toyota, qui a choisi Valenciennes pour implanter son usine automobile plutôt qu'un site en Poitou-Charentes. »

S. Roquelle, *Le Figaro*, 24 avril 1998.

▶ QUESTIONS

Documents 1 et 2

1. Dans quels États le PIB/hab. est-il le plus important ?

2. Donnez les noms de deux États à l'intérieur desquels il y a de forts contrastes sur le plan de la richesse. Pouvez-vous donner une raison expliquant pour chacun de ces deux pays ce fort contraste ?

3. Donnez les noms de trois États qui connaissent le plus faible développement. Où ces États sont-ils situés par rapport à l'ensemble de l'Union européenne ?

Documents 2 et 3

4. Où se trouve localisé, d'après le texte, le « cœur actif de l'Europe » ? Précisez son extension et ses limites au nord et au sud.

5. Pourquoi peut-on parler de « cœur actif » ?

6. Quel lien pouvez-vous établir entre le texte et la carte à propos de ce « cœur actif » ?

7. Quelles régions françaises font partie de ce « cœur européen » ? Comment le dynamisme s'y manifeste-t-il ?

▶ PARAGRAPHE ARGUMENTÉ

8. À l'aide des documents que vous venez d'expliquer et de vos connaissances, rédigez un texte d'une vingtaine de lignes sur « l'espace économique européen » dans lequel vous développerez les notions de « centre » et de « périphérie ».

CORRIGÉS

QUESTIONS DE COURS

1 Les grandes dates repères de la construction de l'Union européenne sont :
- **1951** : la création de la CECA ;
- **1957** : le traité de Rome ;
- **1991** : le traité de Maastricht ;
- **1990** : le traité de Schengen (appliqué progressivement à partir de 1995) ;
- **2004** : la signature à Rome du traité constitutionnel.

2 L'Union européenne est, en 2008, constituée de **vingt-sept États**. **Quinze États** ont adopté l'euro comme monnaie unique (l'Irlande, la France, le Portugal, l'Espagne, le Luxembourg, la Belgique, les Pays-Bas, la Finlande, l'Allemagne, l'Autriche, l'Italie, la Grèce, la Slovénie, Chypre et Malte).

3 Les grandes régions industrielles de l'Union européenne se concentrent en **Allemagne centrale et méridionale**, en **Angleterre**, dans la **France du Nord-Est**, dans le **nord de l'Espagne et de l'Italie**. Cette localisation ancienne s'expliquait par des **sources d'énergie** ou des **matières premières**, par le **rôle des ports ou des voies de passage**. Même si beaucoup de ces régions ont connu des difficultés (dans les industries métallurgiques et textiles), elles ont su souvent se reconvertir en bénéficiant d'aides de l'Union européenne.

4 Les pays de l'Union européenne commercent, pour plus de 60 % de leurs échanges, **entre eux**. On parle de «**commerce intracommunautaire**».

5 L'Union européenne occupe la **première place** dans le commerce mondial. Son premier partenaire à l'extérieur de l'Union est les **États-Unis**.

BREVET — Épreuve de géographie

QUESTION 1

Le PIB/hab., d'après la carte, est le plus important en **Allemagne** et en **France**. Mais dans ces deux États, il peut y avoir de forts contrastes entre les différentes régions. Ainsi en France, entre la région parisienne et les autres régions.

CORRIGÉS 20
L'Union européenne : un pôle économique puissant

QUESTION 2

D'après la carte, deux États ont particulièrement de forts contrastes sur le plan de la richesse : l'**Espagne** et l'**Italie**. Cela est dû essentiellement au **retard industriel de certaines régions** ; c'est le cas en Italie où le Sud est beaucoup moins développé que le Nord.

QUESTION 3

Parmi les États qui connaissent le plus faible développement, on peut citer la **Pologne**, la **Slovaquie**, la **Hongrie**. Ces États sont tous situés dans l'**Europe de l'Est** ; ils font partie des 10 nouveaux États entrés dans l'Union européenne en 2004. Le tableau, document 1, confirme ce faible développement en montrant la part plus grande du taux de chômage, la part des actifs dans l'agriculture et l'infériorité de l'équipement (automobiles, lignes téléhoniques).

QUESTION 4

Le « cœur actif » de l'Europe s'étire de **Londres à Milan** ; il s'étire du **sud de la Grande-Bretagne au nord de l'Italie** en passant par l'**Allemagne, Paris et l'est de la France**.

QUESTION 5

On peut parler de « cœur actif » car c'est dans cette région que l'**industrie est la plus puissante**. Londres et Paris sont des **métropoles mondiales, gros centres économiques et financiers**. C'est dans cette région que la **densité des réseaux de transports** est aussi la plus forte.

QUESTION 6

Si on rapproche les données du texte et celles de la carte on constate que c'est dans cet ensemble de régions que **le PIB par habitant est le plus élevé**.

QUESTION 7

Les régions françaises faisant partie de ce « cœur européen » sont la **région parisienne**, l'**Est**, la **région Rhône-Alpes**. Le dynamisme s'y manifeste par la **création de nouvelles entreprises**, le **développement du réseau de transports** (aéroports de Paris, de Lyon) et par d'**importants pôles de recherche** (Grenoble).

PARAGRAPHE ARGUMENTÉ 8

L'espace économique européen

D'importants **contrastes économiques** existent au **sein de l'Union européenne**. On peut constater une opposition entre le Nord et le Sud, mais aussi entre un « centre » et des périphéries, et enfin à l'intérieur même des États.

Le mot « **centre** » désigne cet **espace** où se **concentrent les activités économiques**, les pouvoirs de **décision**, les **richesses**, un réseau dense de **voies de communications**. On y trouve les industries de **haute technologie** et les activités tertiaires (banques, sièges sociaux des grandes entreprises, centres de recherche…). C'est là que le **PIB/hab. est le plus élevé**.

Ce « centre » actif va de la région **de Londres jusqu'au nord de l'Italie** en passant par les Pays-Bas, la Belgique, l'ex-Allemagne de l'Ouest et, bien qu'étant un peu en marge, la région parisienne. On parle aussi pour cet espace de « **mégapole européenne** ».

De part et d'autre de cette mégapole, on trouve un ensemble de régions très intégrées à ce cœur actif, fortement industrialisées (industries automobiles et agroalimentaires notamment) disposant d'une agriculture très moderne, et très urbanisées.

Pour les autres régions, on parle de « **périphéries** », c'est-à-dire d'espaces placés sous la domination du « centre ». Il s'agit de régions en **retard sur le plan économique** dans lesquelles les **activités agricoles traditionnelles** sont encore importantes. On les trouve **au sud** (régions méridionales de l'Espagne, de l'Italie et la Grèce), **au nord** (régions septentrionales de la Suède et de la Finlande), **à l'ouest** (Irlande) et **à l'est** (ex-Allemagne de l'Est, et tous les États entrés dans l'Union en 2004 et 2007).

Histoire-Géographie

La France

21 La IVᵉ République

www.prepabrevet.com

1 La mise en place de la IVᵉ République : des institutions nouvelles

■ **Le Gouvernement provisoire (1944-1946) est présidé par le général de Gaulle**. Il est animé par des hommes unis dans la Résistance : communistes, socialistes, démocrates chrétiens. Conformément au programme du CNR (Conseil national de la Résistance), un **important volet de réformes économiques et sociales** est engagé : nationalisation de banques, de l'énergie, des transports, création de la Sécurité sociale et des comités d'entreprises, droit de vote accordé aux femmes.

■ **La IVᵉ République succède au Gouvernement provisoire.** L'élaboration de la Constitution est difficile. De Gaulle souhaite un pouvoir exécutif fort. Or, en octobre 1945, les élections législatives sont gagnées par ses adversaires : communistes, socialistes et MRP (Mouvement républicain populaire). De Gaulle démissionne début 1946. La **Constitution** d'octobre 1946 marque un **retour au parlementarisme** et rappelle la IIIᵉ République.

2 Le redressement de la France

■ **En 1945, la tâche de redressement semble immense** tellement les destructions ont été importantes. Pour opérer son redressement, la France bénéficie de l'aide américaine accordée par le **plan Marshall**. L'**État intervient** dans l'économie par l'**élaboration de plans** et provoque le redémarrage des secteurs prioritaires : charbon, électricité, acier, transports. **D'importants travaux sont lancés** : le barrage de Génissiat est inauguré en 1948 ; l'aménagement de l'étang de Berre permet de doubler les capacités de raffinage. En **1952, la reconstruction est achevée**, la production retrouve et accroît son niveau d'avant-guerre.

■ **Les Français, plus nombreux** grâce au « baby-boom », voient leur niveau de vie s'améliorer, découvrent le confort (voiture et appareils ménagers sont des achats de plus en plus courants). Dans le cadre de la croissance (cf. chap.11), comme les autres pays industrialisés, la France entre dans l'ère de la **consommation de masse**. Dans le domaine social, **le SMIG est créé en 1950**.

■ La France, pour assurer sa sécurité, adhère au **Pacte atlantique puis à l'OTAN**. Elle accepte le réarmement de l'Allemagne en 1954. Surtout, par **le traité de Rome, en 1957, la France s'engage dans la construction de l'Europe**.

Les difficultés de la IVe République

■ La France connaît **d'importants problèmes financiers** : l'inflation, souvent très forte ; plusieurs dévaluations, signe d'un franc peu solide. En 1944, le dollar vaut 50 francs, en 1946, 120 francs, en 1958, 420 francs.

■ La France subit une **grande instabilité ministérielle**. La Constitution de 1946 accorde le pouvoir principal à l'Assemblée nationale. **L'émiettement des partis** empêche la formation de majorités parlementaires stables. Les programmes des partis de gouvernement (socialistes, radicaux, démocrates chrétiens) sont trop différents sur des problèmes essentiels (économie, finances, école) pour constituer une majorité solide et durable. Il en résulte de fréquents changements de gouvernements qui provoquent dans l'opinion un rejet du régime parlementaire.

■ **Le problème colonial constitue la principale difficulté.** Soucieuse de garder son Empire pour assurer son relèvement, la France s'engage dans de longues guerres coloniales. En Indochine (1946-1954), la défaite de Diên Biên Phu (1954) apparaît comme un échec de la IVe République. Pierre Mendès France engage des négociations à Genève pour mettre fin à la guerre. Si l'autonomie puis l'indépendance sont facilement accordées à la Tunisie et au Maroc, la France s'engage dans la guerre d'Algérie. Le 13 mai 1958, la population française d'Alger, craignant une évolution de la politique française favorable au FLN, se soulève. Un Comité de salut public demande le retour du général de Gaulle au pouvoir. Une **nouvelle Constitution donne naissance à la Ve République**. (Reportez-vous aux pages 135 et 142 pour ce qui concerne la guerre d'Algérie.)

DÉFINITIONS

■ **CED :** Communauté européenne de défense. Le traité de la CED prévoyait la création d'une armée européenne intégrée, ainsi que le réarmement de l'Allemagne. La France en 1954 refuse de ratifier le traité.

■ **Collège électoral :** ensemble des personnes constituant les électeurs lors d'un vote.

■ **Inflation :** la masse monétaire augmente plus vite que les biens disponibles. D'où une baisse de la valeur de la monnaie et une hausse des prix.

■ **Majorité absolue, relative :** lors d'un vote, la majorité est dite absolue quand elle est supérieure à la moitié des voix. Dans le cas contraire, elle est dite relative.

■ **Motion de censure :** vote refusant d'accorder la confiance au gouvernement.

■ **Parlementarisme :** régime dans lequel le gouvernement est responsable devant la ou les assemblées.

■ **Pouvoir exécutif :** organes chargés de définir la politique de la nation et de mettre en œuvre les lois.

■ **Pouvoir législatif :** organes chargés de voter les lois.

■ **Président du Conseil :** c'est le titre porté par le chef du gouvernement en France sous les IIIe et IVe Républiques. Sous la Ve République, ce titre est remplacé par celui de « Premier ministre ».

■ **SMIG :** Salaire minimum interprofessionnel garanti. Il est créé en 1950 ; il évolue en fonction du coût de la vie.

■ **Suffrage universel :** système où le droit de vote appartient à tous les citoyens.

EXERCICES & SUJETS

QUESTIONS DE COURS ▶ corrigé p. 200

1 Par qui le Gouvernement provisoire est-il présidé ? Quels sont les différents courants politiques qui le soutiennent ?

2 Quels sont les trois grands domaines économiques concernés par les nationalisations ?

3 Quels sont les deux principaux éléments qui favorisent le redressement économique de la France ?

4 En quelle année la reconstruction de la France est-elle achevée ?

5 En quoi le niveau de vie des Français s'améliore-t-il ?

6 Que signifie le sigle OTAN ? Pourquoi la France adhère-t-elle à ce Pacte ?

7 En quelle année le traité de Rome est-il signé ? Pourquoi ce traité est-il important ?

8 Quelles sont les trois grandes difficultés rencontrées par la IVe République ? À laquelle de ces difficultés sa chute est-elle due en 1958 ?

BREVET — Épreuve d'histoire ▶ corrigé p. 200

La IVe République (1946-1958) : une période de transformations

DOCUMENT 1 — L'essor de l'automobile

Année	Nb. d'automobile produites	Nb. d'automobiles en circulation
1946	11 900	1 000 000
1952	303 000	1 900 000
1958	924 000	3 970 000

D'après **J.-P. Rioux**, « La France de la IVe République », 1987, *Il était une fois la France*, dir. G. Duby.

DOCUMENT 2 **Le programme de Pierre Mendès France, président du Conseil, juin 1954**

La paix en Indochine étant rétablie[1] [...] la France devra se prononcer avec clarté sur la politique qu'elle entend suivre à l'égard d'un problème capital et longtemps différé : celui de l'Europe [...]

Le Maroc et la Tunisie[2] auxquels la France a ouvert les voies du progrès économique, social et politique, ne doivent pas devenir, sur les flancs de nos départements algériens, des foyers d'insécurité et d'agitation [...] Mais j'ajoute avec la même netteté que je ne tolérerai plus [...] d'hésitations dans la réalisation des promesses que nous avons faites à des populations qui ont eu foi en nous. Nous leur avons promis de les mettre en état de gérer elles-mêmes leurs propres affaires. Nous tiendrons cette promesse.

D'après **C. Prochasson**, **O. Wieviorka**, *La France du XXe siècle*, Documents d'histoire, 1994.

---

1. La conférence de Genève a mis fin à la guerre entre la France et sa colonie d'Indochine.
2. Le Maroc et la Tunisie sont alors des protectorats français.

DOCUMENT 3 **La IVe République et l'Europe**

Buvard d'écolier, 1956, **Sabine Jansen**, *La IVe République, La Documentation photographique*, 1992.

EXERCICES & SUJETS | 21
La IVe République

▶ QUESTIONS

Document 1

1. En quoi ce document montre-t-il la réussite économique de la IVe République ?

Document 2

2. Nommez deux aspects de la nouvelle politique coloniale de la France.

Documents 2 et 3

3. a) À quel autre projet la France participe-t-elle ?

b) Quels en sont les buts ? (quatre réponses attendues).

▶ PARAGRAPHE ARGUMENTÉ

4. À partir des informations tirées de l'étude des documents et de vos connaissances, vous rédigerez un paragraphe argumenté d'une vingtaine de lignes, montrant que la IVe République est une période de transformations pour la France.

CORRIGÉS

QUESTIONS DE COURS

1 Le Gouvernement provisoire est présidé par le **général de Gaulle**. Il est soutenu par les **démocrates chrétiens**, les **socialistes** et les **communistes**.

2 Les nationalisations concernent le **domaine bancaire**, le **domaine de l'énergie** et **des transports**.

3 Le redressement économique de la France est favorisé par l'**aide américaine** apportée par le **plan Marshall** et par **l'élaboration de plans**.

4 On peut considérer que la reconstruction de la France est achevée **en 1952**.

5 Les Français découvrent **le confort** avec les **appareils ménagers** et **la voiture**.

6 La France adhère à l'OTAN (**Organisation du traité de l'Atlantique Nord**) pour **assurer sa sécurité**.

7 Le traité de Rome est signé en **1957**. Ce traité est important car il **marque le début de la construction européenne**.

8 La IVe République se heurte à trois grandes difficultés : une **très forte inflation**, une **grande instabilité politique** et le **problème colonial**. C'est à ce problème, en particulier à la **guerre d'Algérie**, qu'est due sa chute en 1958.

BREVET — Épreuve d'histoire

QUESTION 1

L'augmentation du nombre d'automobiles produites entre 1946 et 1958 montre la réussite économique de la IVe République en particulier dans le domaine industriel. Pendant les six premières années, la production a été multipliée par trois, pendant les quatre années suivantes la production s'est accélérée puisqu'elle a été également multipliée par trois.

QUESTION 2

Pierre Mendès France donne une nouvelle orientation à la politique de la France. Il affirme que :

CORRIGÉS 21
La IVe République

– toutes les **promesses devront être tenues**;
– et que **la France mettra les territoires dont elle a la responsabilité en état de se gérer eux-mêmes**.

QUESTION 3

a) La France participe au **projet de la construction de l'Europe**.

b) La construction de la Communauté européenne a pour but :
– de **préparer un avenir meilleur**;
– de **permettre une circulation libre des personnes**;
– de **supprimer les barrières douanières**;
– et donc de **permettre une libre circulation des marchandises**.

PARAGRAPHE ARGUMENTÉ 4

La IVe République (1946-1958) : une période de transformations

En 1945, **la tâche de redressement de la France semble immense** tellement les destructions ont été importantes. Pour opérer son redressement, **la France bénéficie de l'aide américaine** apportée par le plan Marshall. **L'État intervient dans l'économie par l'élaboration de plans** et provoque le redémarrage des secteurs prioritaires comme le charbon, l'électricité, l'acier, les transports. **Des équipements prestigieux sont réalisés** : le pont de Tancarville, le barrage de Génissiat, la construction de l'avion Caravelle... **En 1952, la reconstruction est achevée ; la production retrouve et dépasse son niveau d'avant-guerre**. Les Français, qui sont plus nombreux grâce au « baby-boom », voient leur niveau de vie s'améliorer. **Les transformations de l'industrie leur permettent de s'équiper en électroménager, d'acquérir une voiture**. Entre 1946 et 1958, le nombre de voitures en circulation est multiplié par quatre, passant de un million de véhicules à presque quatre. **La France**, comme les autres pays industrialisés, **entre dans l'ère de la consommation de masse**.

Dans le domaine social, **le SMIG est créé en 1950 et la troisième semaine de congés payés votée en 1956**.

La France de la IVe République s'engage aussi dans la construction de l'Europe. Sous l'impulsion de Jean Monnet et de Robert Schuman, elle signe en 1951 un traité instituant un marché commun du charbon et de l'acier (la CECA), puis **en 1957 le traité de Rome qui fonde la Communauté**

économique européenne. Elle a pour objectif une intégration de plus en plus large avec une libre circulation des marchandises, des capitaux et des hommes et l'instauration d'une politique commune dans le domaine des transports et de l'agriculture.

La France de la IVe République connaît aussi des difficultés. Les **problèmes financiers** dus à une forte inflation sont importants. Le franc subit plusieurs dévaluations. **L'instabilité ministérielle** provoque dans l'opinion publique un rejet du régime parlementaire et empêche les gouvernements successifs de résoudre le problème colonial. Après les accords de Genève signés par Pierre Mendès France en 1954, qui mettent fin à la guerre d'Indochine, **la France se trouve** immédiatement **confrontée à la décolonisation de l'Afrique du Nord**. Alors qu'elle accorde facilement l'indépendance à la Tunisie et au Maroc, **elle s'engage dans la guerre d'Algérie**. En 1958, les événements d'Alger provoquent la chute de la IVe République

22 La Ve République

1 De 1958 à 1969 : la République gaullienne

■ **La nouvelle Constitution**, approuvée par référendum le 28 septembre 1958, donne naissance à la Ve République : de Gaulle devient président de la République. Celui-ci a désormais une place primordiale : **élu au suffrage universel** à partir de 1962, il dispose de **pouvoirs importants**. L'article 16 lui permet d'exercer les pleins pouvoirs dans certaines circonstances.

■ **Le général de Gaulle met fin à la guerre d'Algérie** par les accords d'Évian (mars 1962). L'Algérie devient indépendante (reportez-vous au chapitre 15, paragraphe 2 du cours, p. 135). La décolonisation de l'Afrique noire est également achevée.

■ **De Gaulle veut faire de la France une grande puissance mondiale.**

• Soucieux de ne pas voir la France simple auxiliaire des États-Unis, il la dote d'une **force de dissuasion nucléaire et il quitte l'OTAN en 1966**.

• Le gouvernement poursuit la **modernisation économique** : stabilisation financière avec la création du « nouveau franc », fusion d'entreprises, recherche dans le domaine de l'aéronautique (projet de l'avion « Concorde »), de l'aérospatiale et de l'énergie (centrales nucléaires, usine marémotrice).

• De Gaulle poursuit la **politique de construction de l'Europe**. Il privilégie les relations franco-allemandes mais s'oppose à l'entrée de la Grande-Bretagne dans la CEE, la jugeant trop liée aux États-Unis.

■ Mais l'entrée de la France dans une période de croissance spectaculaire est accompagnée de graves malaises sociaux (grèves de 1963). **L'importante contestation étudiante et sociale de mai 1968** est néanmoins une surprise pour tous. De Gaulle rétablit la situation et les élections législatives de juin

1968 sont un triomphe pour la droite qui obtient les trois quarts des sièges. Cependant, **de Gaulle**, dont le prestige a été entamé par la crise de mai 1968 et par l'échec du référendum sur la décentralisation et la réforme du Sénat, **démissionne** en **1969**. Il meurt en novembre 1970.

2 La solidité des institutions

Depuis 1969, la Ve République continue et prouve la solidité des institutions…

■ **Les deux premiers successeurs du général de Gaulle (G. Pompidou** : 1969-1974 ; **V. Giscard d'Estaing** : 1974-1981) poursuivent sa politique : stabilité et indépendance nationale, programme nucléaire, développement des secteurs industriels de pointe. V. Giscard d'Estaing adapte les lois aux mutations de la société : la majorité passe en 1974 à 18 ans, l'avortement est légalisé en 1975 et le divorce est rendu plus facile par le simple consentement mutuel.

■ **À partir de 1974**, **la crise économique** provoquée par la montée des prix du pétrole touche la France. Elle déclenche l'**inflation et la montée du chômage. Le mécontentement grandit.**

■ **En 1981, la gauche arrive au pouvoir.** C'est « l'alternance ». Sous la présidence de F. Mitterrand, le gouvernement Mauroy lance de **nombreuses réformes sociales** (semaine de 39 heures, cinquième semaine de congés payés, retraite à 60 ans, impôt sur les grandes fortunes) et **économiques** (nationalisations de banques et de certaines grandes entreprises industrielles). La peine de mort est abolie, une importante décentralisation est lancée en 1982.

■ Mais le **chômage augmente**, le déficit budgétaire s'accroît et le franc est dévalué. Une politique de rigueur est mise en place à partir de 1983. **Les socialistes sont battus aux élections législatives en 1986.** J. Chirac (RPR) devient Premier ministre. **C'est la première cohabitation.**

■ **En 1988, F. Mitterrand est réélu.** Le gouvernement de M. Rocard crée le RMI pour lutter contre la pauvreté. L'échec face au chômage et les scandales politiques permettent à la droite de reprendre le pouvoir en 1993. **C'est la deuxième cohabitation.**

La Ve République

■ **En 1995, J. Chirac est élu président de la République.** En 1997, devant les difficultés à résoudre, ce qu'il a appelé «la fracture sociale», il dissout l'Assemblée nationale. La gauche remporte les élections législatives et **L. Jospin** devient **Premier ministre**. **C'est la troisième cohabitation.**

■ **De nombreuses réformes sont réalisées sous le gouvernement Jospin** (1997-2002) comme le PACS, les 35 heures, la réduction du mandat présidentiel à 5 ans. Aux élections présidentielles de 2002, Jospin est éliminé dès le 1er tour et J. Chirac est réélu.

■ En 2007, N. Sarkozy, candidat UMP, est élu. La Gauche perd à nouveau les élections présidentielles et législatives.

DÉFINITIONS

■ **Alternance :** changement de majorité dans une démocratie.

■ **Cohabitation :** situation politique dans laquelle un président de la République et un Premier ministre sont issus de tendances politiques différentes.

■ **Décentralisation :** transfert de compétences et de pouvoir de l'État vers les collectivités territoriales (régions, départements).

■ **Référendum :** consultation du peuple au suffrage universel sur une question précise. Il est introduit en France par la Constitution de 1958.

■ **RMI :** Revenu minimum d'insertion (1988). C'est le versement d'une somme aux personnes de plus de 25 ans sans emploi ni revenus et n'ayant pas droit à des indemnités de chômage.

■ **Xénophobe :** qui a la haine de l'étranger.

EXERCICES & SUJETS

QUESTIONS DE CUORS ▶ corrigé p. 210

1 Qui fonde la Ve République et qui en est le premier président de la République ? Par qui est-il élu à partir de 1962 ?

2 Quand et comment le général de Gaulle met-il fin à la guerre d'Algérie ?

3 Citer deux éléments qui montrent que de Gaulle veut faire de la France une grande puissance mondiale.

4 Montrer que la France poursuit sa modernisation économique.

5 Que se passe-t-il en mai 1968 ? Quand et comment de Gaulle quitte-t-il le pouvoir ?

6 Qui succèdent au général de Gaulle de 1969 à 2002 ?

7 Quelles sont les causes de la crise qui frappe la France, comme les autres pays industrialisés, à partir de 1974 ? Quelle conséquence durable cette crise a-t-elle sur le plan social ?

8 Qu'appelle-t-on « cohabitation » ? Citer deux personnages de l'État, Premier ministre et président de la République ayant cohabité.

9 Citer trois réformes sociales prises par Mitterrand.

BREVET — Épreuve d'histoire ▶ corrigé p. 211

Les années de Gaulle en France (1958-1969)

DOCUMENT 1 **Allocution du général de Gaulle**

Voici quatre ans, le peuple s'est donné à lui-même une Constitution. [...] Nous sommes à présent en plein essor de prospérité et en plein progrès social, sur la base d'un franc solide, d'échanges extérieurs positifs et de budgets équilibrés. [...] Ayant réglé, au fond, l'affaire algérienne, nous sommes maintenant en paix partout : ce qui, en un quart de siècle, ne nous était jamais arrivé. [...] Enfin, si récemment encore notre pays était considéré comme « l'homme malade de l'Europe », aujourd'hui son poids et son rayonnement sont reconnus partout dans l'univers. Il s'agit que le président soit élu dorénavant au suffrage universel. Français, Françaises, le projet de loi que je vous soumets propose que le président de la République, votre président, sera élu par vous-mêmes. [...] Une fois de plus, le peuple français va faire usage du référendum, ce droit souverain qui, à mon initiative, lui fut reconnu en 1945 et qu'il a recouvré en 1958.

Général de Gaulle, Allocution radiodiffusée et télévisée, octobre 1962, extrait.

DOCUMENT 2 **L'évolution de l'équipement des ménages français (1954-1975)**

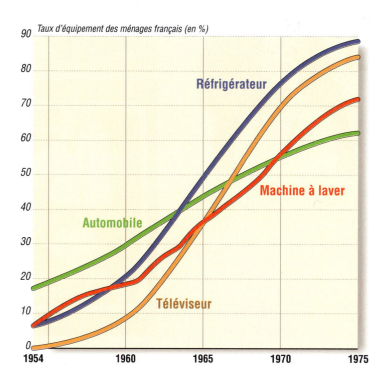

DOCUMENT 3 — Tracts et affiches de mai 1968

Sources : BDIC et BN.

EXERCICES & SUJETS | 22
La Ve République

▶ QUESTIONS

Document 1
1. Quelle modification de la Constitution propose le général de Gaulle en 1962 ?

Documents 1 et 2
2. Quelle est la situation de la France dans les domaines économique, social et en politique étrangère ?

Document 3
3. Durant la crise de mai 1968, quelles critiques sont adressées au général de Gaulle, et quelles revendications sont exprimées par ces tracts ?

▶ PARAGRAPHE ARGUMENTÉ

4. Rédigez un paragraphe argumenté d'une vingtaine de lignes répondant au sujet suivant : les années de Gaulle en France (1958-1969). Vous utiliserez en priorité vos connaissances ainsi que les informations prélevées dans les documents.

CORRIGÉS

QUESTIONS DE COURS

1 La Ve République est fondée par le **général de Gaulle**. Il en est le **premier président**. À partir de 1962, le président est élu au **suffrage universel direct**.

2 Le général de Gaulle met fin à la guerre d'Algérie en **mars 1962** en **signant les accords d'Évian** qui reconnaissent l'indépendance de l'Algérie.

3 De Gaulle dote la France d'une **force de dissuasion nucléaire** et pour marquer son indépendance vis-à-vis des États-Unis, il **quitte l'OTAN** en 1966.

4 La France poursuit sa modernisation économique. Elle stabilise sa monnaie par la **création du « nouveau franc »**, elle a une **politique de recherche** dans le domaine de l'aéronautique (projet du Concorde), de l'énergie et de l'aérospatiale.

5 Un important **mouvement de contestation étudiante et sociale** éclate en mai 1968. De Gaulle quitte le pouvoir **en 1969** après l'**échec du référendum sur la décentralisation**.

6 De 1969 à 2002 les présidents de la République sont : **G. Pompidou**, **V. Giscard d'Estaing**, **F. Mitterrand** et **J. Chirac**.

7 À partir de 1974, la France est frappée par une crise économique provoquée par la **hausse du prix du pétrole**. Cette crise provoque la **hausse du chômage**.

8 On parle de « cohabitation » lorsque **le président de la République et le Premier ministre d'un même gouvernement n'appartiennent pas à la même famille politique**. Ainsi, **J. Chirac** et **L. Jospin** ont cohabité entre 1997 et 2002.

9 Trois réformes sociales mises en place sous la présidence de Mitterrand : la **semaine de travail de 39 heures**, la **cinquième semaine de congés payés** et la **retraite à 60 ans**.

BREVET — Épreuve d'histoire

QUESTION 1

En 1962, le général de Gaulle, dans une allocution radiodiffusée, propose de modifier la Constitution par référendum pour que désormais **le président de la République soit élu au suffrage universel direct**.

QUESTION 2

Dans le **domaine économique, la France est en plein essor et connaît la prospérité**. C'est la période des Trente Glorieuses. Le franc est une monnaie solide, le budget est équilibré, et la balance commerciale excédentaire.

Dans le **domaine social, le pays est en plein progrès**. Les ménages français voient leur niveau de vie doubler et ont accès au confort. Ils s'équipent de réfrigérateurs, de machines à laver, de téléviseurs et d'automobiles.

Dans le **domaine de la politique étrangère, la crise algérienne vient d'être réglée**, et le général de Gaulle mène **une « politique de grandeur » pour que la France soit reconnue « partout dans l'univers »**.

QUESTION 3

Le tract « Moins de 21 ans, voici votre bulletin de vote » revendique **l'abaissement de l'âge de la majorité pour les jeunes**. Le tract sur lequel on voit le profil du général de Gaulle fendu, et au-dessous écrit « pouvoir ébranlé », réclame le **changement de pouvoir**.

PARAGRAPHE ARGUMENTÉ 4

Les années de Gaulle en France (1958-1969)

De 1958 à 1969, de Gaulle gouverne la France. Il lui donne une nouvelle Constitution qui inaugure la **Ve République**. Cette Constitution **renforce l'autorité de l'État**. À partir de 1962, le président de la République a une place primordiale : élu au suffrage universel, il dispose de pouvoirs importants. L'article 16 lui permet d'exercer les pleins pouvoirs dans certaines circonstances. Grâce au scrutin majoritaire à deux tours, une majorité solide peut se dégager à l'Assemblée nationale.

De 1958 à 1962, de Gaulle accorde l'indépendance à l'Afrique noire et résout la crise algérienne. L'Algérie, au terme d'une guerre de huit ans, obtient l'indépendance par les accords d'Évian en mars 1962.

À partir de 1962, la France est en paix. **De Gaulle entend faire de la France une grande puissance mondiale qui n'apparaisse pas comme simple auxiliaire des États-Unis.** Il veut que «son poids et son rayonnement» soient «reconnus partout dans l'univers». Il la dote de l'arme atomique et il prend ses distances avec les États-Unis en retirant la France de l'OTAN en 1966.

La France des années de Gaulle se modernise. L'essor économique se poursuit: **stabilisation financière avec le «nouveau franc»**, politique budgétaire stricte, fusion d'entreprises, recherche spatiale, projet du Concorde… Au cœur des Trente Glorieuses, la France connaît le **début de la «consommation de masse»**. La plupart des ménages s'équipent d'une automobile, d'un réfrigérateur, d'une machine à laver et d'une télévision. Les congés payés sont plus longs (trois semaines en 1956, quatre en 1968). C'est le **début de la civilisation des loisirs**.

Mais la croissance ne profite pas à tout le monde et, malgré ses succès, **de Gaulle rencontre une opposition à partir de 1965**. L'essor de la population crée des problèmes d'emploi, d'éducation. **En mai-juin 1968, une importante contestation éclate.** Les étudiants se révoltent puis les travailleurs se mettent en grève. De Gaulle rétablit l'ordre mais son autorité a été sévèrement mise en cause. **En 1969, il se retire volontairement du pouvoir après l'échec du référendum sur la régionalisation.**

23 L'économie française : de profondes mutations

www.prepabrevet.com

1 Le tertiaire, le secteur le plus dynamique

■ La France est la 6ᵉ puissance économique mondiale derrière les États-Unis, le Japon, l'Allemagne, le Chine et le Royaume-Uni.

■ **Principal secteur d'activité**, le tertiaire emploie 73 % de la population active. C'est le **seul secteur d'activité créateur d'emplois**. Cette importance s'explique par la hausse du niveau de vie et par la modernisation de l'agriculture et de l'industrie qui ont besoin pour se développer des services commerciaux, de gestion, de recherche, de transports et de télécommunications.

■ Les activités tertiaires sont **inégalement réparties sur le territoire**. Elles sont surtout concentrées au centre ou à la périphérie des grandes villes.

■ C'est à **Paris que sont regroupées la plupart des activités du tertiaire dit « supérieur »**. Le quartier de la Défense y est entièrement consacré. La région Île-de-France concentre le quart des emplois tertiaires et près du tiers des emplois tertiaires de haut niveau. **Les régions méditerranéennes** (Marseille, Nice) constituent un autre pôle très important des activités tertiaires.

■ **Les transports et le tourisme constituent deux secteurs importants.** Les transports emploient 6 % des actifs et ils sont essentiels pour la compétitivité de l'économie. **Les réseaux routier, ferroviaire, aérien convergent essentiellement vers Paris**. De nombreuses liaisons interrégionales cependant se mettent en place dans le cadre de l'aménagement du territoire.

■ **L'activité touristique** représente près de 7 % **du PIB**. Elle est, en valeur ajoutée, la première activité française. La France bénéficie d'un patrimoine très riche, d'une grande variété de sites (mer, montagnes…) qui permettent le tourisme balnéaire mais aussi le « tourisme vert ». Elle est le pays le plus visité du monde (79 millions de visiteurs en 2006).

2 L'industrie, un secteur en totale mutation

■ **La France est le cinquième producteur industriel et le quatrième exportateur de biens industriels**, mais très loin derrière les États-Unis. L'industrie n'emploie plus aujourd'hui que 24 % de la population active, mais elle reste un **atout essentiel pour l'économie française**. Elle accorde une importance croissante aux activités de recherche et d'innovation, ce qui entraîne une chute des emplois industriels de faible qualification. **La mondialisation des échanges, l'ouverture de l'espace européen, sont entre autres raisons, à l'origine de nombreuses restructurations et délocalisations.**

■ L'espace industriel se transforme. Les industries, longtemps concentrées dans la région parisienne, dans la région lyonnaise et le Nord-Est, **gagnent l'Ouest et le Sud-Ouest**. Les industries de pointe s'y développent car elles sont attirées par un cadre de vie agréable. Cependant, **l'essentiel de l'industrie** reste massé **à l'est de la ligne Le Havre-Marseille**, d'autant plus que le rôle actif de l'Union européenne favorise l'est de la France. À l'échelle locale, les industries quittent les centres-villes pour la périphérie.

■ L'évolution des différents secteurs industriels est très contrastée.

• **Les industries traditionnelles** comme la sidérurgie, l'industrie textile et la construction navale sont en crise. Elles doivent lutter contre la concurrence des pays de l'UE et de nouveaux pays industrialisés (NPI). Les chantiers navals sont en voie de disparition, sauf à Saint-Nazaire, et les industries textiles délocalisent pour résister.

• **La construction automobile** est une branche très importante de l'industrie. Elle a dû, pour résister à la concurrence, subir une forte restructuration. Il n'y a plus que deux entreprises, Renault et PSA, qui se sont délocalisées à travers le pays. La France est le troisième pays constructeur automobile du monde, mais l'avenir reste très fragile.

• **Les industries de pointe**, c'est-à-dire celles qui nécessitent un haut niveau de recherche, un personnel qualifié et des capitaux importants, comme l'aéronautique, l'aérospatiale, l'électronique, l'agro-alimentaire, sont des industries dynamiques en expansion.

COURS 23

L'économie française : de profondes mutations

3 La première agriculture de l'Union européenne

■ **La France est le second pays exportateur de produits agricoles après les États-Unis.** Sa **production est abondante et variée**. La France est un grand pays céréalier ; son vignoble est réputé ; le secteur de l'élevage est fortement concurrencé, ainsi que celui des fruits et légumes. **Les régions sont de plus en plus spécialisées.** Ainsi, le Bassin parisien est essentiellement consacré à la céréaliculture ; l'Ouest et la Bretagne à l'élevage hors-sol.

■ **L'agriculture française s'est profondément modernisée.** Les agriculteurs, dont le nombre ne cesse de diminuer, ont amélioré leurs rendements et la productivité mais souvent au prix d'un fort endettement, au mépris de la qualité du produit et du respect de l'environnement. D'autre part, cette agriculture productiviste se heurte au **problème de la commercialisation des excédents** et à celui de la concurrence (autres pays européens de l'UE, États-Unis). Cela conduit l'État à soutenir les prix et à imposer des quotas.

■ L'agriculture est aujourd'hui **intégrée dans l'agro-business**, c'est-à-dire dans un ensemble d'entreprises industrielles ou commerciales qui passent des contrats avec les agriculteurs.

■ Aujourd'hui, l'**agriculture intensive**, forte utilisatrice d'engrais et de pesticides, est fortement **critiquée**. **Elle ne correspond plus à la demande des consommateurs** rendus vigilants par les crises alimentaires des années 1990. C'est pourquoi, certains agriculteurs optent pour une **agriculture « raisonnée »**, tournée davantage vers la qualité.

DÉFINITIONS

■ **Rendement agricole :** production par unité de surface.

■ **Technopôle :** espace où se concentrent des activités de haute technologie (tertiaire et industrielle).

■ **Tertiaire supérieur :** services de très haut niveau technique nécessitant un personnel très qualifié.

EXERCICES & SUJETS

QUESTIONS DE COURS ▶ corrigé p. 219

1 Quelle est la place du secteur tertiaire dans la population active ?

2 Pourquoi l'importance du secteur tertiaire continue-t-elle de progresser ?

3 Comment les activités tertiaires sont-elles réparties ?

4 Où le « tertiaire supérieur » est-il concentré ?

5 Quelle place le tourisme tient-il dans l'économie française ?

6 Pourquoi la France est-elle le pays le plus visité au monde ?

7 Comment le réseau routier et le réseau ferroviaire sont-ils disposés ?

8 Citer trois industries traditionnelles. Donner deux raisons qui expliquent qu'elles sont aujourd'hui en crise.

9 Citer trois difficultés auxquelles se heurtent les agriculteurs français

BREVET — Épreuve de géographie ▶ corrigé p. 219

L'évolution récente des localisations industrielles en France

DOCUMENT 1 Les nouvelles localisations industrielles

Depuis 1974, les facteurs de localisation ont changé. Les ressources du sous-sol, assez limitées au demeurant, ne sont presque plus extraites. La proximité d'un nœud de communication, d'une autoroute ou d'un aéroport compte beaucoup plus aujourd'hui. Le facteur main-d'œuvre est devenu essentiel ; les travailleurs peu qualifiés sont de moins en moins employés, tandis que les besoins en cadres, ingénieurs et techniciens ne cessent de croître. En vérité, la matière première la plus importante est devenue la matière grise. De nombreuses entreprises doivent aujourd'hui

EXERCICES & SUJETS 23
L'économie française : de profondes mutations

avoir des liens avec des universités et des centres de recherche. Les agréments offerts par la région constituent des éléments importants pour attirer la main-d'œuvre.

D. Noin, *Le Nouvel Espace français*, Armand Colin, 1998.

DOCUMENT 2 **Le nouvel espace industriel français**

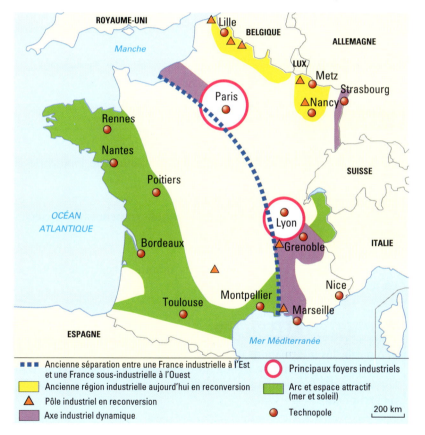

DOCUMENT 3 — Rennes-Atalante

Soixante-dix entreprises de la technopole de Rennes envisagent de créer plus de 3 000 emplois en 2000 et pour certaines en 2001… 900 emplois sont programmés par les sociétés de service et d'ingénierie en informatique… Le secteur Recherche et Développement annonce un millier de recrutements… Treize start-up* liées à Internet devraient créer 150 emplois… Des TIC (technologies de l'information et de la communication) tablent sur plus de 1 300 emplois.

Ouest-France, Rennes, 4 juillet 2000.

---

* Start-up : entreprise nouvelle fondée sur les nouvelles technologies de la communication.

QUESTIONS

Document 1
1. Quels sont les nouveaux facteurs de localisation de l'industrie en France ?

Documents 1 et 2
2. En quoi la carte illustre-t-elle les informations contenues dans le document 1 ?

Documents 1, 2 et 3
3. En vous aidant de ces trois documents, montrez que la ville de Rennes est une technopole.

PARAGRAPHE ARGUMENTÉ

4. À partir des informations tirées des documents et de vos connaissances, rédigez un paragraphe argumenté d'une vingtaine de lignes décrivant l'évolution des localisations industrielles en France au cours de ces dernières années.

CORRIGÉS

L'économie française : de profondes mutations

QUESTIONS DE COURS

1 Le secteur tertiaire occupe **73 %** de la population active.

2 L'importance du secteur tertiaire continue de progresser à cause de l'**amélioration du niveau de vie** et de la **modernisation de l'agriculture et de l'industrie**. Ces deux secteurs dont la productivité continue d'augmenter ont besoin pour se développer **des services commerciaux, de recherche, de transports et de télécommunications**.

3 Les activités tertiaires sont **inégalement réparties sur le territoire**. Elles sont **concentrées dans le centre des grandes villes** ou dans leur périphérie immédiate. L'importance des services et leur variété est **dépendante de la taille des villes**.

4 Le « tertiaire supérieur » est concentré **à Paris**.

5 L'activité touristique représente près de **7 % du PIB** de la France.

6 La France est le pays le plus visité au monde parce qu'il bénéficie d'un **patrimoine très riche** et d'une **grande variété de sites**.

7 Le réseau routier et le réseau ferroviaire **convergent essentiellement vers Paris**.

8 La **sidérurgie**, l'**industrie textile** et la **construction navale** sont des industries traditionnelles. La **concurrence des nouveaux pays industrialisés à faible coût de main-d'œuvre** et l'**ouverture de l'espace européen** expliquent en partie les difficultés de ces industries traditionnelles.

9 Les agriculteurs français se heurtent au problème de la **surproduction mondiale**, à la baisse des prix. Ils voient leur **niveau de vie baisser** et ce d'autant plus qu'ils sont **souvent endettés**.

BREVET — Épreuve de géographie

QUESTION 1

Les **facteurs de localisation** de l'industrie française ont évolué. Les industries ne sont plus localisées sur les lieux d'extraction des matières premières.

Elles sont localisées :
– à proximité d'un **nœud de communication, autoroute ou aéroport** ;
– là où il y a **présence de «matière grise», c'est-à-dire d'ingénieurs et de cadres**. Elles recherchent donc la présence d'**universités et de centres de recherche** ;
– dans un **cadre de vie agréable et attractif pour la main-d'œuvre qualifiée**.

QUESTION 2

La carte illustre les informations contenues dans le document 1.

■ Les **régions** industrielles basées sur le lieu d'**extraction de matières premières** comme le charbon ou le minerai de fer sont aujourd'hui des régions **en reconversion**.

■ Les **axes industrialisés dynamiques**, comme **l'axe Le Havre-Paris et l'axe Lyon-Marseille**, correspondent aux vallées de la Seine, du Rhône et du Rhin. **Les moyens de communication sont très développés (TGV, aéroports, autoroutes).**

■ **À l'ouest de la ligne de partage traditionnel** entre une France industrielle et une France rurale, il y a maintenant des **technopoles qui montrent l'évolution de l'espace industriel**. Ces technopoles se sont installées dans des villes comme Nantes, Rennes, Bordeaux, Toulouse qui disposent de **centres de recherche et d'universités dynamiques**. Le **cadre de vie agréable**, à proximité de la mer ou de la montagne, constitue un élément attractif pour la main-d'œuvre qualifiée dont ont besoin les entreprises de ces technopoles.

QUESTION 3

Une **technopole** est une agglomération où se regroupent des **activités scientifiques de recherche, des industries de pointe et un secteur tertiaire de haut niveau**. La ville de **Rennes** correspond à cette description puisque industries de pointe et secteur tertiaire de haut niveau y sont présents. En effet, le texte nous dit que de nombreux emplois sont offerts par des **sociétés de service et d'ingénierie en informatique**, que le secteur Recherche et Développement annonce des recrutements et qu'enfin **des start-up** devraient, elles aussi, créer des emplois.

PARAGRAPHE ARGUMENTÉ 4

L'évolution des localisations industrielles en France

La **mondialisation des échanges et l'ouverture sur l'espace européen sont**, entre autres raisons, **à l'origine de l'évolution des localisations industrielles** que la France connaît depuis quelques années.

Les **régions d'industries traditionnelles**, localisées sur les lieux d'extraction de matières premières, comme le Nord-Est, la région du Creusot et Saint-Étienne, sont entrées depuis plusieurs années dans une période de crise. L'État aide ces régions qui essaient de transformer les activités économiques anciennes et de créer des emplois. Il en fait des « **pôles de reconversion** ».

La région parisienne et la région lyonnaise sont les deux grandes régions industrielles dynamiques. Elles bénéficient toutes les deux de **moyens de communication** considérables. L'Île-de-France est la première région industrielle du pays. Le potentiel industriel y est très important et diversifié : de l'industrie de luxe à la chimie en passant par l'aéronautique. **La région Rhône-Alpes occupe la deuxième place.** Une longue tradition industrielle profitant d'une recherche dynamique et une situation géographique favorable à l'intérieur de l'Union européenne sont autant d'atouts pour cette région.

Les régions situées à l'ouest de la ligne Le Havre-Marseille étaient traditionnellement des espaces à vocation agricole. Aujourd'hui, même si elles ne regroupent que le quart des emplois industriels, elles **ont un dynamisme incontestable**. **La politique de décentralisation industrielle menée par l'État et le développement de zones industrielles portuaires** sont à l'origine de cette mutation. De plus, **cette périphérie dynamique attire les cadres**. Elle offre un **lieu de vie agréable** (montagne, mer, climat), des **activités technologiques avancées** et est dotée de nombreuses **technopoles**. Parmi les activités technologiques avancées, on peut citer l'aéronautique à Toulouse, Bordeaux, Nantes et Saint-Nazaire.

Cependant, malgré l'évolution des localisations industrielles en France, **les trois quarts des emplois industriels restent à l'est de la ligne Le Havre-Marseille.**

24 La France : puissance européenne et mondiale

www.prepabrevet.com

1 La France est présente sur tous les continents

■ Par ses **départements et territoires d'outre-mer (les DOM-TOM)**, la France est présente à travers le monde. Les DOM-TOM sont des terres de soleil où **l'agriculture est l'activité dominante** dont la production est destinée à l'exportation. La **faiblesse des activités industrielles** se traduit par un **fort taux de chômage** et une forte émigration vers la métropole. Partout le déficit commercial est très élevé. Certains territoires sont utilisés à des fins scientifiques et militaires. Les DOM-TOM représentent un **important capital touristique**.

■ La **langue française** est la **deuxième langue étrangère enseignée** dans le monde, mais très loin cependant **derrière l'anglais**. Les pays francophones se sont regroupés pour défendre leur identité dans le **Conseil permanent de la francophonie**. Des sommets internationaux, représentant aujourd'hui 49 pays, ont lieu tous les deux ans.

2 La France est un élément moteur de l'Union européenne

■ La France fait **partie des six pays fondateurs de la CEE**. Elle y joue un rôle important aux côtés de l'Allemagne et continue à œuvrer à la construction d'une Europe économique, monétaire et sociale.

COURS | 24
La France : puissance européenne et mondiale

■ Première puissance agricole, deuxième puissance industrielle derrière l'Allemagne, la France bénéficie, depuis l'élargissement de l'Europe à 25 pays, d'une **position centrale dans l'Union européenne**, au contact de l'Europe du Nord et de l'Europe méditerranéenne. Grâce à ses réseaux d'autoroutes et de TGV connectés aux pays européens, à ses tunnels sous la Manche, dans les Alpes ou les Pyrénées, la France est parcourue par des flux nombreux de personnes (touristes) et de marchandises. Plus de **60 % du commerce extérieur de la France se fait avec les autres pays de l'Union européenne**. L'Allemagne est son premier partenaire commercial.

■ La France est le quatrième **exportateur de produits industriels** et le **second exportateur de produits agricoles**. Elle est aussi la **première destination touristique du monde**.

La France est la quatrième puissance mondiale

■ La France est une **puissance moyenne** dont le **rayonnement** économique, politique et militaire est **cependant mondial**. Elle est présente dans le groupe de tête des grands pays industrialisés. À ce titre, elle **participe au G8**, au sein duquel les chefs d'État ou de gouvernement se réunissent pour débattre des grands problèmes du monde.

La possession d'une force de frappe nucléaire, sa puissance économique valent à la France de faire partie des 5 pays **membres permanents du Conseil de sécurité de l'ONU** avec un droit de veto.

■ Par ses investissements et ses échanges commerciaux, la France est présente sur tous les continents. Des **firmes multinationales françaises investissent de plus en plus à l'étranger**: elles sont surtout présentes dans l'Union européenne (41 % des investissements extérieurs) et aux États-Unis (30 %) mais aussi en Asie (Japon). En même temps, la France **attire les investissements étrangers**, dans ses banques et ses entreprises industrielles situées surtout dans les régions frontalières, au contact des autres pays de l'Union européenne.

■ **La présence de la langue française sur tous les continents** offre à la France une possibilité d'**influence culturelle mais aussi économique**. La culture française est diffusée dans le monde par les lycées, les instituts culturels français ainsi que par la télévision et la radio. L'influence française est cependant aujourd'hui très menacée par le développement de « l'américamania ».

DÉFINITIONS

■ **Conseil de sécurité :** organe de l'ONU chargé du maintien de la paix. Il est constitué de 15 membres dont 5 sont permanents (Chine, États-Unis, France, Royaume-Uni et Russie) et 10 élus pour deux ans.

■ **DOM-TOM :** départements et territoires d'outre-mer. La Guadeloupe, la Martinique, la Guyane et la Réunion sont les départements d'outre-mer. Les autres ont le statut de « territoire ».

■ **Francophonie :** communauté francophone, c'est-à-dire de langue française.

■ **G8 :** groupe constitué des 7 pays industrialisés les plus riches du monde (États-Unis, Royaume-Uni, France, Japon, Allemagne, Canada et Italie) et de la Russie.

EXERCICES & SUJETS

QUESTIONS DE COURS ▶ corrigé p. 228

1 Quels sont les quatre départements d'outre-mer ?

2 Quelles sont les faiblesses de la France d'outre-mer ?

3 Pourquoi peut-on dire que la France est au cœur de la construction européenne ?

4 Comment le rayonnement culturel de la France se manifeste-t-il à l'échelle mondiale ?

5 Quelle est la place de la France à l'échelle mondiale sur le plan politique et militaire ?

BREVET — Épreuve de géographie ▶ corrigé p. 228

La France, puissance mondiale

DOCUMENT 1 **Les principaux pays destinataires des flux d'investissements français**

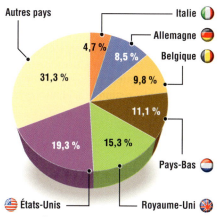

Source : *Direction de la balance des paiements*, 2007.

DOCUMENT 2 — **Carrefour s'installe au Japon**

« Carrefour prévoit d'implanter une chaîne d'hypermarchés au Japon dans la région de Tokyo. L'inauguration du premier Carrefour est prévue pour décembre 2000 dans la grande banlieue de Tokyo, à Makuhari (préfecture de Chiba), a confirmé le porte-parole de la filiale de Carrefour à Tokyo, lundi 24 mai, après avoir reçu l'accord officiel des autorités municipales concernées.

Après une série d'implantations réussies en Asie – Hong Kong, Thaïlande, Taiwan et, plus récemment, Corée du Sud – Carrefour a de bonnes raisons de vouloir s'attaquer maintenant au Japon. Il s'agit du premier marché de la région, et la crise bouleverse les réseaux d'intermédiaires qui structurent la distribution et enflent les coûts. En outre, les prix de l'immobilier commercial se sont effondrés (tombant en moyenne à 20 % de leur valeur d'il y a dix ans), et les étrangers, en premier lieu les Américains, se pressent au portillon. Enfin, le MITI est en train de réviser la loi sur les grandes surfaces en la dotant de nouveaux critères de protection de l'environnement plus contraignants. »

Brice Pedroletti, *Le Monde*, 26 mai 1999.

DOCUMENT 3 — **Les objectifs de la francophonie**

« La francophonie ne veut plus seulement être une communauté de destins, riche de trente années d'expérience en matière de coopération culturelle et technique. Elle veut aussi devenir une organisation internationale à part entière, résolue à faire entendre sa voix dans le concert des nations. C'est dans cet esprit qu'elle s'est affirmée, en 1998, sur la scène internationale, témoignant avec vigueur de son identité et de sa spécificité, aux côtés des autres organisations régionales, et auprès de l'ONU. »

Boutros Boutros Ghali, *Le Monde*, 23 février 1999.

EXERCICES & SUJETS | 24
La France : puissance européenne et mondiale

▶ QUESTIONS

Document 1

1. Dans quel ensemble de pays les investissements français sont-ils les plus importants ? Comment cette préférence s'explique-t-elle ?

2. Quel est le pays qui reçoit le plus d'investissements français ?

Document 2

3. Quelles raisons la société Carrefour a-t-elle de s'implanter au Japon ?

4. Cette société est-elle déjà présente dans d'autres pays d'Asie ?

Document 3

5. Qu'appelle-t-on la « francophonie » ? À quel besoin répond cette communauté ? Quel est son rôle ?

6. Quels sont les objectifs en 1999 de Boutros Boutros Ghali, Secrétaire général de l'Organisation internationale de la francophonie à cette époque ?

7. En quoi la francophonie est-elle importante pour le rôle mondial de la France ?

▶ PARAGRAPHE ARGUMENTÉ

8. Rédigez un texte d'une vingtaine de lignes où vous montrerez les différents aspects de la puissance mondiale de la France : les aspects politiques et militaires, culturels et économiques.

CORRIGÉS

QUESTIONS DE COURS

1 Les quatre départements d'outre-mer sont la **Guadeloupe**, la **Martinique**, la **Guyane** et la **Réunion**.

2 Parmi les faiblesses de la France d'outre-mer, on peut noter tout particulièrement le **faible développement des activités industrielles**, les DOM-TOM restant essentiellement des **pays agricoles** où les **productions sont destinées à l'exportation**. Il en résulte un **fort taux de chômage** et une **importante émigration vers la métropole**.

3 On peut dire que la France est au cœur de la construction européenne car elle fut **membre fondateur de l'Europe**. Le **siège du Parlement européen** se trouve **à Strasbourg**. Dans le domaine économique, la France réalise **près des deux tiers de ses échanges avec les autres pays de l'Union européenne**.

4 Le rayonnement culturel de la France se manifeste à l'échelle mondiale par l'existence de la **francophonie**, par le **rayonnement de sa culture et de sa langue** par l'intermédiaire des lycées et des instituts culturels français et par la télévision et la radio. Son rayonnement culturel se manifeste par ailleurs dans l'**accueil des touristes** : la France étant le **premier pays destinataire du tourisme mondial**.

5 Sur le plan politique et militaire, la France **intervient dans les affaires du monde** par sa **présence à l'ONU** dont elle est l'un des **membres permanents** et par l'**envoi de ses armées sur de nombreux lieux d'intervention** ; sa **présence militaire** est particulièrement **importante en Afrique**.

BREVET — Épreuve de géographie

QUESTION 1

Les investissements français sont les plus importants dans les **pays européens**, en **Belgique** d'abord, en **Allemagne** et aux **Pays-Bas** et enfin en **Italie** et au **Royaume-Uni**. Ainsi, **plus de 40 % de ses investissements sont réalisés dans les pays de l'Union européenne** : ce qui explique les préférences des investisseurs.

CORRIGÉS 24
La France : puissance européenne et mondiale

QUESTION 2

C'est cependant aux **États-Unis** que les investissements français sont les plus importants.

QUESTION 3

D'après le texte du journal *Le Monde*, l'une des raisons avancées pour l'implantation de « Carrefour » au Japon, c'est la **présence d'un marché important**, « le premier marché de la région ». En outre, les **prix de l'immobilier commercial se sont effondrés**, il s'agit donc d'un **moment favorable pour une installation**.

QUESTION 4

D'après le texte, la société « Carrefour » est déjà présente en Asie, à **Hong Kong**, en **Thaïlande**, à **Taiwan** et en **Corée du Sud**.

QUESTION 5

La francophonie désigne la **communauté constituée par les peuples qui utilisent habituellement le français comme langue maternelle ou officielle**. Elle répond à un **besoin de regroupement des pays dans le monde** où se trouvent présentes à des degrés variables la langue et la culture française afin d'**organiser entre ces pays une coopération culturelle et technique**.

QUESTION 6

Les objectifs de Boutros Boutros Ghali, Secrétaire général de l'Organisation en 1999, étaient d'**aller au-delà d'une simple coopération et de faire de la francophonie une organisation présente sur la scène internationale et auprès de l'ONU**.

QUESTION 7

La francophonie est importante pour le rôle mondial de la France car elle manifeste la **présence de la langue française sur presque tous les continents**, en Europe, au Canada et dans de très nombreux États d'Afrique.

Cette présence est une garantie pour la France des **possibilités d'influence culturelle mais aussi économique et politique dans le monde**.

PARAGRAPHE ARGUMENTÉ 8

Les différents aspects de la puissance mondiale de la France

Si par sa taille et sa population, la France est un petit pays à l'échelle du monde, c'est pourtant une puissance que l'on peut qualifier de mondiale.

Cette puissance tient à son **rayonnement culturel** : près de 170 millions de personnes parlent la langue française dans le monde et la culture française, dans les domaines de la littérature et des arts, reste importante.

La puissance politique et militaire de la France s'exprime de plusieurs façons : la France est un membre permanent du Conseil de sécurité de l'ONU et elle peut donc peser ainsi sur les affaires du monde ; la France possède l'arme nucléaire et ses troupes, sous l'égide de l'ONU, sont présentes dans plusieurs opérations.

Quatrième puissance commerciale du monde, la France assure 6 % des échanges mondiaux et elle est le second investisseur mondial, les capitaux français étant particulièrement importants aux États-Unis.

Enfin, la **France est un pays d'accueil** : première destination touristique mondiale, son économie profite des devises ainsi apportées et des emplois créés.

Éducation civique

25 Être citoyen

1 La citoyenneté

■ Chaque individu, homme ou femme, est citoyen d'un État. À ce titre, il possède des droits et il a des devoirs.

■ La France est membre de l'Union européenne. Chaque citoyen français est également **citoyen de l'Union européenne**. Des enquêtes réalisées auprès des Français montrent que si, de plus en plus, on peut se sentir citoyen de l'Union européenne, on reste attaché à la citoyenneté de son État. Loin de disparaître, le sentiment national demeure très fort.

2 Les devoirs du citoyen

■ Tout citoyen a le devoir de **connaître la loi**, de la comprendre, de la respecter.

■ Tout citoyen a **le devoir de voter**, c'est-à-dire de participer à des élections à partir de sa majorité (18 ans). Ces élections sont municipales (élection du conseil municipal d'une commune), législatives (élection des députés à l'Assemblée nationale), présidentielles (élection du président de la République), européennes (élection des députés au Parlement européen).

Depuis le traité de Maastricht, tout citoyen d'un État membre de l'Union peut participer, dans le pays de l'Union où il réside, aux élections municipales et européennes.

■ Tout citoyen doit **contribuer aux dépenses** de son pays en payant ses impôts.

■ Tout citoyen doit **participer à la défense** et contribuer à la paix dans son pays.

DÉFINITIONS

■ **Citoyen :** toute personne qui jouit dans un pays de l'ensemble de ses droits politiques (droit de vote, d'éligibilité) et civils (se marier, travailler librement, être propriétaire).

■ **Civisme :** action de respecter la loi et d'avoir conscience de ses devoirs.

■ **Maastricht (traité de) :** traité signé en 1992 ; il marque la naissance de l'Union européenne ; des droits civiques européens sont définis et l'espace du citoyen européen élargi à tous les pays de l0Union.

SUJETS

BREVET — Épreuve d'éducation civique   ▸ corrigé p. 236

Citoyen français et européen

DOCUMENT 1   Enquête auprès des Français

Vous sentez-vous personnellement	1995	1997
seulement français	29 %	25 %
plus français qu'européen	29 %	35 %
autant français qu'européen	36 %	39 %
autre réponse	5 %	1 %
sans réponse	1 %	1 %

CEVIPOF, L'électeur français en question, Presses de la FNSP, 1998.

DOCUMENT 2

A. « Est français l'enfant, légitime ou naturel, dont l'un des parents au moins est français. »

Code civil, article 18.

B. « Tout enfant né en France de parents étrangers acquiert la nationalité française à sa majorité si, à cette date, il a, ou a eu, sa résidence habituelle en France pendant une période continue ou discontinue d'au moins cinq ans depuis l'âge de onze ans. »

Code civil, article 21.7 (loi du 16 mars 1998).

DOCUMENT 3

« Il est institué une citoyenneté de l'Union.

Est citoyen de l'Union toute personne ayant la nationalité d'un État membre. […] Tout citoyen de l'Union résidant dans un État membre dont il n'est pas ressortissant a le droit de vote et d'éligibilité aux élections municipales dans l'État membre où il réside… Il a le droit de vote et d'éligibilité aux élections au Parlement européen dans l'État membre où il réside. »

Extraits de l'article 8 du traité de Maastricht, 1992.

QUESTIONS

Documents 1, 2 et 3

1. Pour quelles raisons peut-on interroger un Français sur son appartenance à la France, sur son appartenance à l'Europe ?

2. Quels sont les documents qui justifient cette interrogation ?

3. Quelle évolution des Français peut-on constater entre 1995 et 1997 ?

Document 2

4. Quelles sont les conditions énoncées dans le document 2 B pour être français ?

Document 3

5. Quel nouveau droit le traité sur l'Union européenne accorde-t-il à un citoyen français ?

6. Vous résidez en Allemagne depuis au moins 6 mois ; vous êtes de nationalité française. À quelles élections avez-vous le droit de voter en Allemagne ?

PARAGRAPHE ARGUMENTÉ

7. Rédigez un texte d'une quinzaine de lignes mettant en relation ces documents et montrant ce que signifie « être citoyen » aujourd'hui.

CORRIGÉS

BREVET — Épreuve d'éducation civique

QUESTION 1

L'enquête conduite en 1995 et en 1997 auprès des Français porte sur la façon dont ils se sentent plus ou moins français, plus ou moins européens. Cette double interrogation se justifie tout à fait depuis le traité de Maastricht qui ajoute à la citoyenneté française, la citoyenneté européenne.

QUESTION 2

Les documents 2 et 3 sont les textes qui fondent cette citoyenneté française (document 2) et cette citoyenneté européenne (document 3).

QUESTION 3

De 1995 à 1997, on peut constater la volonté de se sentir toujours aussi français, sinon plus, qu'européen. Le sentiment national subsiste très fort.

QUESTION 4

Le document 2 B énonce trois conditions pour qu'un enfant né de parents étrangers devienne français :

– être né en France ;
– avoir résidé en France au moins cinq ans depuis l'âge de onze ans ;
– être majeur.

QUESTION 5

Le traité sur l'Union européenne accorde à un citoyen français le droit de vote et d'éligibilité dans l'État, membre de l'Union, où il réside.

QUESTION 6

Le droit de vote ou d'éligibilité est limité pour un Français résidant en Allemagne aux élections municipales et aux élections au Parlement européen.

PARAGRAPHE ARGUMENTÉ 7

Être citoyen aujourd'hui

Être « citoyen » aujourd'hui signifie avoir la nationalité française.
Celle-ci peut être acquise automatiquement pour l'enfant dont l'un des parents est français ; elle peut être acquise sous certaines conditions à la majorité pour l'enfant né en France de parents étrangers.

Depuis 1992, être citoyen c'est aussi être citoyen européen et avoir à ce titre de nouveaux droits.

L'un des devoirs essentiels du citoyen est de voter aux différentes élections de son pays et aux élections européennes. Un bon citoyen connaît la loi, la respecte, paie ses impôts, participe à la défense de son pays.

Mais « être citoyen aujourd'hui » c'est aussi avoir certaines qualités civiques comme être tolérant, solidaire des autres et refuser toute attitude xénophobe.

26 Vivre en république et en démocratie

1 La France est une république

■ Le mot « république » vient du latin *res publica* que l'on peut traduire par la « chose publique ». Le terme désigne aujourd'hui un régime politique qui a des caractères précis : c'est la forme de gouvernement où le pouvoir et la puissance ne sont pas détenus par un seul homme. **C'est le peuple qui exerce directement sa souveraineté par l'intermédiaire de délégués qu'il élit lors de scrutins.**

■ La République française a un **emblème** : le drapeau tricolore (1792). Elle a un hymne national, la *Marseillaise* (1879). Elle a une **devise** : Liberté, Égalité, Fraternité (1793). Elle a une **fête nationale** : le 14 juillet. Ce jour-là, sont commémorées la prise de la Bastille (14 juillet 1789) et la fête de la Fédération qui fonda la nation (14 juillet 1790).

■ **La République française est laïque**. Elle accepte et respecte toutes les croyances. **Elle est sociale** : cela signifie qu'elle s'efforce de créer une solidarité entre tous les citoyens.

2 La France est une démocratie

■ La République française est démocratique. Le pouvoir dans une démocratie appartient à l'ensemble des citoyens qui participent à la vie politique au moyen du **suffrage universel**. Dans une démocratie, les libertés privées et publiques sont clairement définies par des textes solennels, comme la Constitution, et garanties par une justice indépendante.

DÉFINITIONS

■ **Constitution:** texte qui fonde le régime politique, qui en fixe les règles et l'organisation.

■ **Démocratie:** forme de gouvernement où le pouvoir émane du peuple. «Démocratie» s'oppose à «Autocratie», c'est-à-dire un régime à la tête duquel se trouve un dictateur qui dirige l'État sans qu'aucune autre instance politique ne le contrôle.

■ **Laïcité:** principe de séparation entre l'État et les Églises. La République française, en affirmant sa laïcité, assure la liberté de conscience et le libre exercice des religions.

■ **Tolérance:** respect de l'autre et de ses différences.

SUJETS

BREVET — **Épreuve d'éducation civique** ▶ corrigé p. 242

Principes et symboles de la République

DOCUMENT 1

« Le port d'un insigne religieux au collège n'est pas interdit à condition que les élèves qui le portent ne troublent pas la bonne marche de l'établissement et qu'ils suivent tous les cours avec assiduité. »

Arrêté du Conseil d'État, 27 novembre 1996.

DOCUMENT 2

« Deux jeunes filles portant le foulard islamique sont exclues. Enseignants, parents d'élèves, principaux et représentants du personnel quittent le conseil de discipline. Ils viennent de prendre une très lourde décision : le renvoi pour non-respect de l'obligation d'assiduité au cours d'EPS. La décision est immédiatement exécutoire. »

Le Monde, 13 février 1999.

DOCUMENT 3

« La France est une République indivisible, laïque, démocratique et sociale. Elle assure l'égalité devant la loi de tous les citoyens sans distinction d'origine, de race ou de religion. Elle respecte toutes les croyances.

L'emblème national est le drapeau tricolore, bleu, blanc, rouge. L'hymne national est la *Marseillaise*.

La devise de la République est « Liberté, Égalité, Fraternité ».

Son principe est : « gouvernement du peuple, par le peuple et pour le peuple. »

Extrait de la Constitution de 1958.

SUJETS 26
Vivre en république et en démocratie

▶ QUESTIONS

Document 1
1. Qu'est-ce que le Conseil d'État fixe comme interdits à un élève qui porte un insigne religieux ? Cet arrêté est-il toujours valable ?

Document 2
2. Pourquoi une décision d'exclusion est-elle prise à l'encontre de ces deux jeunes filles ? Par qui cette décision est-elle prise ?

Document 3
3. À quel terme de la Constitution renvoie l'interdiction du port d'un insigne religieux au collège ?

▶ PARAGRAPHE ARGUMENTÉ

4. À l'aide des documents et de vos connaissances, rédigez un paragraphe d'une quinzaine de lignes dans lequel vous présenterez les symboles de la République française et leur signification.

CORRIGÉS

BREVET — Épreuve d'éducation civique

QUESTION 1

D'après l'arrêt du Conseil d'État de 1996, le port d'un insigne religieux était accepté mais à deux conditions auxquelles l'élève devait se plier : d'une part, ne pas troubler la marche de l'établissement et d'autre part, suivre les cours. Depuis la rentrée de septembre 2004, une nouvelle loi interdit le port de tout insigne religieux à l'école.

QUESTION 2

Les jeunes filles sont exclues parce qu'elles portent le foulard islamique mais surtout parce qu'elles refusent de participer à certains cours. La décision est prise par le conseil de discipline.

QUESTION 3

L'interdiction du port d'un insigne religieux renvoie dans la Constitution au terme de « laïque ».

PARAGRAPHE ARGUMENTÉ 4

Les symboles de la République française et leur signification

Les valeurs de la République s'expriment dans quelques symboles, affirmés dès les premières lignes de la Constitution. Connus de tous, ils rappellent l'unité nationale. Leurs origines remontent à la Révolution française.

Le **drapeau**, né en 1789 de l'association des couleurs de la ville de Paris avec celle du roi, symbolise le **rassemblement des Français**.

La *Marseillaise* est le chant dans lequel les soldats de la période révolutionnaire exprimaient leur **volonté de se battre pour la liberté**.

La **devise** rappelle les **valeurs de la République**, énoncées dans la Déclaration des droits de l'homme et du citoyen de 1789. Elle rappelle que tous, citoyens et État, doivent les respecter.

La République s'identifie aussi à **Marianne**, coiffée de son bonnet phrygien et **figure de la liberté**.

La mise en avant de ces symboles sur les bâtiments publics, les timbres, la monnaie, dans les manifestations sportives, les fêtes nationales... est une occasion de **rappeler l'unité de la nation dans le cadre de la République**. Ils constituent un **patrimoine**, réactivé dans les commémorations des grandes dates qui ont construit la France : le 14 juillet, qui rappelle le rôle du peuple lors de la prise de la Bastille en 1789 et la fête de la Fédération en 1790, mais aussi le 11 novembre ou le 8 mai, qui commémorent la fin des deux guerres mondiales.

27 L'organisation des pouvoirs de la République

1 La Constitution de la Ve République

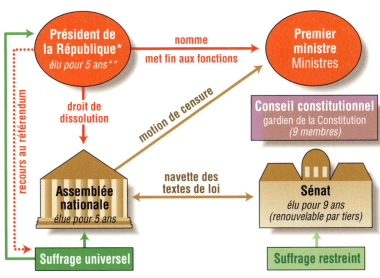

* L'article 16 donne au Président des pouvoirs exceptionnels en cas de menaces graves.
** Le mandat de Président est de 5 ans depuis mai 2002, précédemment 7 ans.

COURS 27
L'organisation des pouvoirs de la République

2. Un pouvoir exécutif fort

■ Le rôle du **président de la République** est très important. Il est **élu au suffrage universel direct** (depuis 1962), c'est-à-dire par la totalité des citoyens français ayant atteint l'âge de 18 ans. Il nomme et peut renvoyer le Premier ministre. Il peut dissoudre l'Assemblée nationale. Il a le droit de « message » au Parlement.

■ Le **pouvoir exécutif est partagé par le président de la République et le Premier ministre**. Celui-ci est le chef du gouvernement. Chaque mercredi, le gouvernement se réunit en Conseil des ministres à l'Élysée sous la présidence du président de la République.

3. Un pouvoir législatif réparti entre deux assemblées

■ Le **pouvoir législatif** appartient à l'**Assemblée nationale et au Sénat**. Les deux assemblées forment le Parlement. Il peut se réunir en Congrès à la demande du président de la République.

■ Le **régime de la Ve République est parlementaire**. Les députés contrôlent et peuvent renverser le gouvernement en votant la motion de censure. Dans ce cas, un nouveau gouvernement est nommé.

DÉFINITIONS

■ **Amendement :** modification proposée soit par un parlementaire, soit par un ministre vis-à-vis d'un projet ou d'une proposition de loi.

■ **Majorité absolue :** voir p. 196.

■ **Motion de censure :** voir p. 196.

■ **Pouvoir exécutif :** voir p. 196.

- **Pouvoir législatif:** voir p. 196.
- **Promulguer:** acte du président de la République qui rend applicable une loi après qu'elle a été votée. Elle doit être publiée au *Journal officiel* pour entrer en vigueur.
- **Référendum:** voir p. 205.
- **Suffrage universel:** voir p. 196.

SUJETS

L'organisation des pouvoirs de la République

BREVET — **Épreuve d'éducation civique** ▶ corrigé p. 249

Rôle et pouvoir du président de la République française

DOCUMENT 1 — **Extraits des articles 5, 6, 12 et 15 de la Constitution de la Vᵉ République**

Article 5 – Le président de la République veille au respect de la Constitution. [...] Il est le garant de l'indépendance nationale, de l'intégrité du territoire et du respect des traités.

Article 6 – Le président de la République est élu pour sept ans au suffrage universel direct. [...]

Article 12 – Le président de la République peut, après consultation du Premier ministre et des présidents des deux assemblées, prononcer la dissolution de l'Assemblée nationale. [...]

Article 15 – Le président de la République est le chef des armées. [...]

DOCUMENT 2 — **Le président de la République et une révision de la Constitution**

Pour réformer le fonctionnement de la Justice, le président de la République peut proposer une révision de la Constitution. Il a besoin d'une réunion exceptionnelle de l'Assemblée nationale et du Sénat (article 89 de la Constitution). Cette réunion des deux assemblées porte le nom de Congrès.

Le président de la République a déclaré : « J'avais prévu une grande réforme de la Justice, plus proche, plus rapide, moins chère, [...] respectueuse de la présomption d'innocence, donc protégeant mieux les droits de l'homme, [...] une réforme qui constitue un tout nécessaire au bon fonctionnement de notre démocratie.

Le dialogue entre le gouvernement et le Parlement n'a pu aboutir. [...]

Un rejet risquait de compromettre l'ensemble de la réforme*. J'ai décidé de reporter le Congrès afin de donner à cette réforme de nouvelles chances. »

Ouest-France, 21 janvier 2000.

* La majorité des 3/5 du Congrès était nécessaire pour le vote définitif de la loi présentée par le gouvernement de Lionel Jospin.

DOCUMENT 3 — **Le président de la République se rend en Amérique centrale dévastée par un cyclone, en novembre 1998**

Le président a pris un avion militaire français, puis s'est rendu, sur le *Francis-Garnier*, bâtiment de la marine nationale française, dans un village de pêcheurs ensablé. C'est là qu'il a rendu hommage aux équipes françaises, assurant que sa visite le confortait dans l'idée qu'il fallait accroître la solidarité internationale autant que croît la mondialisation. Il a aussi annoncé la décision de la France d'annuler les créances[1] envers le Guatemala, le Honduras, le Nicaragua et le Salvador[2]. Le président Chirac a aussi émis l'idée d'une « sécurité sociale internationale » afin de réagir [...] aux catastrophes qui frappent les pays pauvres.

Ouest-France, 16 novembre 1998.

1. Créances : argent prêté.
2. Pays d'Amérique centrale.

QUESTIONS

Document 1
1. En quoi l'article 6 de la Constitution renforce-t-il le lien entre le président de la République et la nation ?

Documents 1 et 2
2. Quels sont les pouvoirs du président de la République énoncés dans ces articles de la Constitution ?

Document 2
3. Pourquoi le président de la République veut-il réformer le fonctionnement de la Justice ?

Document 3
4. Pourquoi le président de la République se rend-il en Amérique centrale ? En quoi cette démarche témoigne-t-elle de son rôle ?

PARAGRAPHE ARGUMENTÉ

5. Rédigez un paragraphe argumenté d'une quinzaine de lignes montrant que le président de la République est le premier personnage de l'État.

CORRIGÉS

L'organisation des pouvoirs de la République

BREVET — Épreuve d'éducation civique

QUESTION 1

L'article 6 de la Constitution renforce le lien entre le président de la République et la nation, car **le président de la République tient son pouvoir des Français** par lesquels il est **élu au suffrage universel direct**. Il est donc le président de tous les Français.

QUESTION 2

Dans ces deux documents, certains pouvoirs du président de la République sont énoncés :
- il peut **dissoudre l'Assemblée nationale** ;
- il est le **chef des armées**, garant de l'indépendance nationale, de l'intégrité du territoire et du respect des traités ;
- il peut **proposer une révision de la Constitution**.

QUESTION 3

Le président de la République veut **réformer la Justice pour que celle-ci soit plus** proche, **moins chère, plus rapide**, qu'elle protège mieux les droits de l'homme et qu'elle permette un **meilleur fonctionnement de la démocratie**.

QUESTION 4

Le président de la République se rend en Amérique centrale pour **rendre hommage aux équipes françaises** qui sont venues secourir les populations touchées par un cyclone. Cette démarche témoigne de son rôle de chef de l'État français. **Il est le représentant de la France à l'étranger.**

PARAGRAPHE ARGUMENTÉ 5

Le président de la République, premier personnage de l'État

Le président de la République est **élu au suffrage universel direct** pour un mandat de cinq ans (sept ans avant 2001), renouvelable. Ce mode d'élection, qui apparaît pour la première fois dans la Constitution en 1962, **renforce le pouvoir du président de la République et en fait le premier personnage de l'État.**

Il est le **chef du pouvoir exécutif**. C'est lui qui **nomme le Premier ministre** et qui met fin à ses fonctions. **Il préside le Conseil des ministres** qui se tient en général le mercredi, au palais de l'Élysée. Il peut **consulter directement les Français** par voie de **référendum**, sur proposition du gouvernement ou du Parlement, **dissoudre l'Assemblée nationale** et provoquer des élections législatives. Il peut **proposer de modifier la Constitution**. Il a le droit de **saisir le Conseil constitutionnel**. Il peut enfin, en cas de nécessité, exercer **les pleins pouvoirs** (article 16). Il est le **représentant de la France à l'étranger** et c'est lui qui nomme les ambassadeurs.

Il est **garant de l'indépendance et de l'intégrité nationales**. Il décide seul de l'utilisation de l'arme nucléaire. Il est le chef des armées.

Il dispose aussi de **pouvoirs qu'il partage avec le Premier ministre et le Parlement**. C'est lui qui définit les grands choix politiques, mais à condition qu'il dispose à l'Assemblée nationale d'une majorité pour le soutenir. Dans ce cas, le Premier ministre est son subordonné. Dans le cas contraire, les choix politiques sont définis par le Premier ministre : c'est la cohabitation. Il ne peut déclarer la guerre qu'avec l'accord du Parlement. Il peut exercer le droit de grâce, mais en accord avec le Premier ministre et le ministre de la Justice.

28 Les acteurs de la démocratie

1 Être citoyen, c'est être actif

■ Tout citoyen dans un État se doit d'être **actif**, d'être un acteur de la démocratie. Cette action s'exprime **sur le plan politique** : c'est le fait de voter lors des élections, c'est le fait d'adhérer à un parti. Elle s'exprime aussi sur le plan social en participant à une association, en exprimant son opinion lors des débats publics. La démocratie repose sur le pluralisme des opinions

2 La liberté d'association

■ **Être actif**, c'est participer par exemple à une **association**. Il existe en France 730 000 associations. Certaines associations défendent les libertés et les droits de l'homme (MRAP, LICRA), d'autres les victimes du sang contaminé, les chômeurs, les sans-logis (DAL)… D'autres associations ont un rôle très particulier comme les partis politiques et les syndicats.

■ **Les partis politiques** regroupent les citoyens partageant les mêmes convictions et soucieux de les faire partager et triompher, soit en participant au gouvernement (les partis de la majorité), soit en agissant dans l'opposition. Pour financer leurs activités, les partis politiques reçoivent l'argent de leurs militants et des subventions de l'État. Les partis, depuis 1995, ne peuvent plus recevoir des dons des entreprises. L'existence de plusieurs partis permet un débat démocratique. Les régimes à parti unique sont des dictatures.

■ **Les syndicats** représentent le monde du travail. Ils agissent pour **défendre les intérêts des travailleurs** : les salaires et les conditions de travail.

Reconnus par une **loi de 1884** et par le préambule de la Constitution, ils sont indépendants des partis politiques et de l'État. Dans une entreprise, tout travailleur peut adhérer à un syndicat. Les entreprises de plus de 50 salariés peuvent avoir des **délégués syndicaux**. Hors des entreprises, des syndicats de personnes non salariées existent : syndicats d'agriculteurs, de commerçants, de médecins.

Les syndicats agissent par la **négociation**, par des **manifestations** ou en exerçant leur droit de **grève**.

DÉFINITIONS

- **CFDT :** Confédération française démocratique du travail. Fondée en 1964, elle est issue de la CFTC.

- **CFTC :** Confédération française des travailleurs chrétiens. Fondée en 1919.

- **CGC :** Confédération générale des cadres.

- **CGT :** voir p. 36.

- **FN :** Front national. Créé en 1972, il s'est scindé en deux partis en 1999, le FN et le Mouvement national.

- **FNSEA :** Fédération nationale des syndicats d'exploitants agricoles. Elle est créée en 1946.

- **FO :** Force ouvrière. Elle est issue en 1947 d'une scission avec la CGT.

- **LICRA :** Ligue internationale contre le racisme et l'antisémitisme.

- **MRAP :** Mouvement contre le racisme et pour l'amitié entre les peuples.

- **PCF :** Parti communiste français. Créé en 1920.

- **PS :** Parti socialiste. Créé en 1971.

- **UDF :** Union pour la démocratie française. Créée en 1978.

- **UMP :** Union pour un mouvement populaire. Créée en 2002.

- **Les Verts :** créé en 1970.

SUJETS

BREVET — Épreuve d'éducation civique ▸ corrigé p. 255

Les syndicats, acteurs de la démocratie

DOCUMENT 1 — L'actualité sociale vue par un quotidien

• 35 heures : accord à la SNCF

Le comité central d'entreprise de la SNCF a approuvé, hier, à l'unanimité des douze représentants CGT et CFDT présents, le projet d'action sur les 35 heures présenté par la direction. Les autres syndicats ont quitté la salle avant le vote. Le projet d'accord sera proposé à la signature de tous les syndicats aujourd'hui.

• Eurotunnel : fin de la grève

Un accord sur les conditions de travail et l'embauche de six personnes, signé hier vers 22 heures 30, a mis fin à la grève commencée lundi sur le site français du tunnel sous la Manche.

• Giat-Industries : plainte pour discrimination syndicale

La CGT et Force ouvrière de Giat-Industries ont déposé plainte, jeudi à Tarbes, contre le PDG de leur entreprise pour « discrimination syndicale ». Les syndicats avancent l'existence d'une note du PDG qui enjoindrait chaque site de GIAT d'établir une liste de salariés, visés par des suppressions d'emplois, en fonction de leur appartenance syndicale.

Ouest-France, 4 juin 1999.

DOCUMENT 2 — Extraits de la Constitution de 1946 et de 1958

Préambule de la Constitution de 1946

« [...] Chacun a le devoir de travailler et le droit d'obtenir un emploi. Nul ne peut être lésé, dans son travail ou son emploi, en raison de ses origines, de ses opinions ou de ses croyances.

Tout homme peut défendre ses droits et ses intérêts par l'action syndicale et adhérer au syndicat de son choix.

Le droit de grève s'exerce dans le cadre des lois qui le réglementent. Tout travailleur participe, par l'intermédiaire de ses délégués, à la détermination collective des conditions de travail ainsi qu'à la gestion des entreprises. »

Préambule de la Constitution de 1958

« Le Peuple français proclame solennellement son attachement aux droits de l'homme et aux principes de la souveraineté nationale tels qu'ils ont été définis par la Déclaration de 1789, confirmée et complétée par le préambule de la Constitution de 1946. »

▶ QUESTIONS

Documents 1 et 2

1. Quels syndicats ont signé l'accord à la SNCF ? Qui a présenté ce projet d'accord ? Quel extrait du texte de 1946 est illustré par cette situation ?

2. D'après ces trois informations du journal *Ouest-France*, quels sont les moyens d'action des syndicats ?

3. Sur quels extraits du texte de 1946 les syndicats de Giat-Industries peuvent-ils s'appuyer pour justifier leur action ?

Document 2

4. Définissez le document de 1946 et de 1958 d'où sont tirés ces extraits.

5. Quel type d'action reconnaît le texte de 1946 ? Quels sont ses buts ? Comment, d'après le texte de 1946, cette action peut-elle s'exercer ?

▶ PARAGRAPHE ARGUMENTÉ

6. À l'aide des documents et de vos connaissances, rédigez un paragraphe d'une quinzaine de lignes dans lequel vous montrerez que les syndicats sont des acteurs de la démocratie française, en indiquant leurs droits, leurs moyens d'action et en fournissant quelques exemples.

CORRIGÉS

BREVET – **Épreuve d'éducation civique**

QUESTION 1

La **CGT** (Confédération générale du travail) et la **CFDT** (Confédération française démocratique du travail) ont signé l'accord à la SNCF. Ce projet d'accord a été présenté par la **direction** au comité d'entreprise.

Cette situation illustre ce que prescrit la Constitution en prévoyant que « **tout travailleur participe, par l'intermédiaire de ses délégués, à la détermination collective des conditions de travail** ».

QUESTION 2

Les trois informations du journal *Ouest-France* montrent que l'action syndicale peut s'exercer par la **négociation** (SNCF), par la **grève** (Eurotunnel), par l'**action en justice** (Giat-Industries).

QUESTION 3

Les deux syndicats de Giat-Industries peuvent s'appuyer sur la Constitution qui prévoit que « **Nul ne peut être lésé, dans son travail ou son emploi, en raison de ses origines, de ses opinions ou de ses croyances** » et que « **Tout homme peut défendre ses droits et ses intérêts par l'action syndicale et adhérer au syndicat de son choix** ».

QUESTION 4

Ces extraits proviennent de la Constitution de 1946 qui **fonde la IVe République** et de la Constitution de 1958 qui **fonde la Ve République**. Une Constitution **définit le régime politique d'un État**.

QUESTION 5

Le texte de 1946, qui est un extrait du préambule de la Constitution de 1946 repris par celle de 1958, **définit l'action syndicale**. Un syndicat est une association professionnelle qui a pour but de **défendre les droits et les intérêts des travailleurs**.

Le texte de 1946 reconnaît à l'action syndicale le **droit de grève**.

PARAGRAPHE ARGUMENTÉ 6

Les syndicats, acteurs de la démocratie

Organismes de défense des ouvriers au XIXe siècle, les syndicats sont autorisés par la IIIe République en 1884. Suspendue par Vichy, la liberté syndicale est affirmée dans le préambule de la Constitution de 1946, repris en 1958 pour la Ve République. Chacun peut adhérer au syndicat de son choix. Ces organisations **défendent les droits et les intérêts des salariés, des travailleurs indépendants ou des patrons**.

Les moyens d'action des syndicats sont réglementés par la loi. Les délégués syndicaux siègent dans les comités d'entreprise, dialoguent et négocient avec les employeurs sur les conditions et la durée du travail, les rémunérations, les congés… Les droits de grève et de manifestation sont aussi utilisés.

L'action syndicale a été particulièrement forte en 1936. Les **grèves**, avec **occupation des usines**, ont incité syndicats et patronat à négocier les accords de Matignon. En 1968, la mobilisation syndicale a aussi abouti à une forte **augmentation des salaires les plus faibles**. En 1999 et 2000, de fortes pressions syndicales s'exercent dans les entreprises ou envers l'État pour l'**obtention des 35 heures hebdomadaires de travail** et de **nouvelles embauches**. Pourtant, le taux de syndicalisation des salariés en France est un des plus bas d'Europe.

29 Médias et démocratie

1 La liberté d'expression

■ **La liberté d'expression** comme la liberté de conscience sont les **bases essentielles d'un régime démocratique et de droit**.

■ La liberté d'expression se traduit par la liberté de la presse écrite, audiovisuelle et électronique. Le **droit à l'information**, le droit de recevoir et de répandre les informations et les idées constituent des éléments indispensables des droits de l'homme. L'importance de **la presse** et de cette liberté est telle que la presse est quelquefois nommée le « **quatrième pouvoir** », un pouvoir chargé d'observer et de critiquer les trois autres, l'exécutif, le législatif et le judiciaire.

2 Quand la liberté d'expression n'existe pas

■ **Dans beaucoup de pays, cette liberté n'existe pas.** Elle est soumise au contrôle très strict du pouvoir politique ou religieux.

■ **L'information non libre, dirigée, orientée devient la propagande.** C'est l'instrument privilégié des régimes totalitaires. Leurs chefs, des dictateurs, s'appuient sur les journaux mais aussi sur les films et la radio pour répandre leurs idées et embrigader la population. En Allemagne, le nazisme dut une partie de son succès aux techniques très poussées de la propagande.

■ En cas de crise, de guerre, un État peut être conduit à établir la censure de certains faits.

■ Mais celle-ci peut exister, plus discrète, **même dans les pays démocratiques**. Les informations sont si nombreuses, si rapides que tout ne peut être dit. Certaines sont dissimulées ou coupées. Le lecteur ou l'auditeur ne s'aperçoit pas de celles qui manquent. **La vérité n'est ainsi pas toujours respectée.** La surinformation peut conduire à la désinformation.

■ L'information est devenue un **produit commercial**. Le poids de la publicité est tel que le contenu des informations et donc le respect de la vérité peuvent être relégués au second plan.

DÉFINITIONS

■ **Censure :** action de supprimer, d'interdire ou de cacher certains faits ou l'ensemble des faits.

■ **Désinformation :** diffusion d'informations fausses ou déformées afin de cacher la véritable information.

■ **Manipulation :** choix d'informations plus ou moins arrangées afin d'orienter les choix du destinataire de l'information.

■ **Média :** tout moyen de diffusion de l'information.

■ **Opinion publique :** opinion communément partagée par les différents éléments d'une société.

■ **Presse :** le terme a d'abord désigné la machine employée pour imprimer les journaux, puis tous les médias (presse écrite, presse audiovisuelle, presse électronique).

■ **Propagande :** action conduite sur l'opinion publique afin de l'amener à partager certaines idées ou valeurs.

SUJETS

Médias et démocratie

BREVET — Épreuve d'éducation civique ▸ corrigé p. 261

La liberté des médias et la démocratie

DOCUMENT 1 — **Extraits de textes officiels français**

Loi de 1881 sur la liberté de la presse

Article 1 – L'imprimerie et la librairie sont libres.

Article 27 – La publication ou la reproduction de nouvelles fausses […] sera punie.

Loi de 1989 sur la liberté de communication

Article 1 – La communication audiovisuelle est libre. L'exercice de cette liberté ne peut être limité que […] par le respect de la dignité humaine, de la liberté d'autrui […].

Code civil

Article 9 – Chacun a droit au respect de la vie privée […].

DOCUMENT 2

« La liberté d'informer, c'est la liberté de la presse et des autres moyens de communication de rechercher et de transmettre, sans entrave*, l'information nécessaire à l'existence et au maintien de la vie démocratique. Cette liberté est fonction des libertés fondamentales de pensée, de parole, d'expression et d'opinion […].

L'indépendance [des médias] est essentielle pour […] aider le public à porter des jugements éclairés, pour refléter le plus fidèlement possible les idées qui ont cours dans la société et pour favoriser un débat démocratique élargi et ouvert […]. Tout en assurant le droit à l'information, les médias et les professionnels de l'information doivent respecter les droits de la personne dont le droit à la vie privée, à l'intimité, à la dignité et à la réputation […] ».

D'après *Les Droits et responsabilités de la presse*,
extrait du site Internet du Conseil de presse du Québec.

* Entrave : obstacle.

DOCUMENT 3 **Publication judiciaire à la demande de Sophie Marceau**

La Première Chambre du Tribunal de Grande Instance de Nanterre, par jugement du 2 novembre 1999, a condamné la société Prisma Presse à payer à Sophie Marceau des dommages et intérêts, pour avoir porté atteinte à sa vie privée et à son droit à l'image.

Extrait de la première page du journal *Voici*, n° 635 du 10 au 16 janvier 2000.

QUESTIONS

Documents 1 et 2
1. Au nom de quels principes démocratiques les médias peuvent-ils s'exprimer librement ?

Document 2
2. Citez deux éléments qui montrent que les médias participent au bon fonctionnement d'une démocratie.

Documents 1, 2 et 3
3. Quelle règle n'a pas été respectée par le journal *Voici* ?

Documents 1 et 3
4. En France, la liberté des médias est-elle sans limites ? Donnez, à partir des documents, deux raisons justifiant votre réponse.

PARAGRAPHE ARGUMENTÉ

5. Rédigez, à partir de votre travail sur les documents et à partir de vos connaissances, un paragraphe argumenté répondant au sujet suivant : « Montrez que la liberté des médias est essentielle pour une une démocratie mais que ces médias doivent respecter certaines règles ».

CORRIGÉS

BREVET — Épreuve d'éducation civique

QUESTION 1

Les médias peuvent s'exprimer librement au nom du **principe de la liberté qui confère le droit à la liberté de pensée, de parole, d'opinion et d'expression**. Ces principes sont reconnus dans la Déclaration universelle des droits de l'homme de 1948.

QUESTION 2

Les médias permettent, grâce à la liberté d'informer, de **donner aux citoyens l'information nécessaire au bon fonctionnement d'une démocratie**. Leur indépendance permet également aux citoyens de **se faire leur propre jugement sur les événements**. Ils sont donc à l'origine «d'un débat démocratique élargi et ouvert».

QUESTION 3

Le journal *Voici* n'a pas respecté la loi de 1989 qui demande de **respecter la dignité humaine** et le code civil qui dit que «**chacun a droit au respect de sa vie privée**».

QUESTION 4

En France, la liberté des médias n'est pas sans limite. La loi de 1989 sur la liberté de communication dit que «l'exercice de cette **liberté est limité par le respect de la dignité humaine**, de la liberté d'autrui». L'extrait de la première page du **journal *Voici***, publiant leur **condamnation pour avoir porté atteinte à la vie privée et au droit à l'image** de Sophie Marceau, montre que ce droit est respecté et que la presse peut être condamnée.

PARAGRAPHE ARGUMENTÉ 5

La liberté des médias et la démocratie

La liberté d'expression comme la liberté de conscience sont les **bases essentielles d'un régime démocratique et de droit**.

La liberté d'expression se traduit par la liberté des médias. On appelle médias l'ensemble des moyens de communication de masse, comme la presse audiovisuelle, la presse écrite ou électronique. Le droit à l'information, le droit de recevoir et de répandre les informations et les idées constituent des **éléments indispensables des droits de l'homme**. En effet, **les médias permettent**, grâce à cette liberté d'informer et à leur indépendance, de **donner aux citoyens l'information nécessaire** pour qu'ils puissent **se faire leur propre jugement** sur les événements et **collaborer au mieux au bon fonctionnement de la démocratie**.

L'importance de la presse, son indépendance et sa liberté sont telles qu'elle est parfois nommée «**le quatrième pouvoir**», c'est-à-dire un pouvoir chargé d'observer, de critiquer les trois autres (exécutif, législatif et judiciaire).

La télévision est le moyen **d'information le plus apprécié des Français**. On lui reproche parfois de «surmédiatiser» certains événements pour augmenter son audience. La **presse** écrite **anime le débat démocratique** et aide, par sa diversité, les citoyens à construire leurs propres opinions politiques. L'accès direct à de multiples sources d'information par le **réseau Internet peut être un progrès dans le domaine de la liberté d'information et de communication**. Mais, en contrepartie, il est difficile de contrôler sur ce réseau les fausses informations, les images et les idées contraires au respect de la dignité humaine.

Les médias doivent obéir à certaines règles, les journalistes doivent respecter la vie privée, la présomption d'innocence, ne publier que des informations dont ils sont sûrs de la véracité et dont ils connaissent l'origine, et ne pas être soumis aux influences, aux groupes de pression.

C'est parfois en risquant leur vie que les journalistes couvrent certains événements, comme la guerre en Irak.

30 Défense nationale, paix mondiale

1 La Défense nationale

■ **Les objectifs de la Défense**, dont la responsabilité appartient au président de la République et au Premier ministre, sont de préserver l'intégrité du territoire, la vie des populations, le respect des engagements et des traités signés par la France et la défense de ses intérêts.

■ **Tous les citoyens sont astreints au Service national universel** en se faisant recenser, en participant à quelques journées de préparation à la défense, en répondant à la mobilisation (« appel sous les drapeaux ») en cas de guerre ou de nécessité.

■ **L'armée**, constituée de professionnels, techniciens de la guerre, ou de volontaires engagés pour un temps donné, **est subordonnée au pouvoir politique** dont elle reçoit les ordres et qu'elle conseille. **Le ministre de la Défense**, chargé d'exécuter la politique militaire décidée par le gouvernement, est assisté du **chef d'état-major des armées**. Celui-ci a autorité sur les chefs d'états-majors des trois armées de terre, de l'air et de la marine.

■ **La France est, avec 18 autres États, membre de l'OTAN.** À ce titre, elle peut être conduite à des interventions, aux côtés de ses alliés, pour le maintien de la paix ou la défense des droits de l'homme dans telle ou telle région de l'Europe ou du monde.

■ La France est également liée par **des traités d'assistance et de défense** à certains pays où elle peut être conduite à intervenir. C'est le cas avec certains pays d'Afrique. Il s'agit là aussi d'actions en faveur de la paix entre groupes d'un même pays ou entre des États différents.

2 L'ONU, instrument de la paix dans le monde

■ À San Francisco, le 26 juin 1945, cinquante et un pays ratifièrent **la charte des Nations unies**. C'est l'acte de naissance de l'ONU dont le siège est fixé à New York.

■ Organisation universelle, l'ONU a pour rôle le **maintien de la paix et de la sécurité internationales**. Elle a aussi pour mission la **coopération économique et sociale**. Pour remplir sa mission, l'ONU dispose d'un budget important, de nombreux fonctionnaires répartis dans le monde entier; elle peut aussi décider de l'envoi de «Casques bleus», forces armées chargées de maintenir la paix, comme la FINUL pour le Liban…

■ **Des institutions spécialisées**, en liaison étroite avec l'ONU, ont des objectifs particuliers: culturels (UNESCO), médicaux (OMS), alimentaires (FAO)… Leurs sièges sont répartis à travers le monde.

■ C'est à l'initiative de la France et du Royaume-Uni qu'a été fondée l'**UNESCO** en 1946 dont le siège est à Paris. Son but est d'assurer une meilleure compréhension des peuples entre eux dans les domaines de l'éducation, de la science et de la culture.

Le programme éducation est le plus important de l'UNESCO. Il a pour objectif la lutte contre l'analphabétisme, la formation des maîtres, l'éducation de groupes d'adultes.

L'UNESCO veut aussi contribuer **à la connaissance des différentes cultures** par des échanges, des expositions, la création de bibliothèques, **la protection du patrimoine de l'humanité** (environnement, monuments, œuvres d'art).

3 La coopération internationale

■ La coopération internationale est aussi l'œuvre de très **nombreuses organisations non gouvernementales**, les ONG, souvent en relation de travail avec les institutions de l'ONU. Ces ONG collectent des fonds, mènent sur le terrain des actions de coopération et de solidarité, en liaison parfois avec des organisations locales des pays du Sud.

COURS 30
Défense nationale, paix mondiale

DÉFINITIONS

■ **FAO :** Organisation des Nations unies pour l'alimentation et l'agriculture (Rome).

■ **FINUL :** Forces intérimaires des Nations unies pour le Liban.

■ **OMS :** Organisation mondiale de la santé (Genève).

■ **ONG :** Organisation non gouvernementale, généralement spécialisée dans l'aide aux pays du Sud et dans la défense des droits de l'homme (exemple : *Amnesty International*).

■ **ONU :** Organisation des Nations unies.

■ **OTAN :** Organisation du traité de l'Atlantique Nord, créée en 1949 par le traité de Washington. Les 19 membres actuels sont l'Allemagne, les États-Unis, le Canada, la Belgique, le Danemark, la France, l'Islande, l'Espagne, l'Italie, le Luxembourg, la Norvège, les Pays-Bas, le Portugal, le Royaume-Uni, la Grèce, la Turquie, auxquels se sont joints trois nouveaux États, la Hongrie, la République tchèque, la Pologne, qui sont entrés dans l'OTAN en mars 1999.

■ **Recensement :** action de compter une population. Dans le cas de l'armée, il s'agit de compter et d'inscrire chaque année tous les jeunes d'une classe d'âge donnée.

■ **Stratégie :** réflexion sur l'organisation de la défense d'un pays et la conduite de la guerre.

■ **UNESCO :** Organisation des Nations unies pour l'éducation, la science et la culture. Son siège est à Paris

SUJETS

BREVET — **Épreuve d'éducation civique** ▶ corrigé p. 269

L'ONU et la paix dans le monde

DOCUMENT 1 — **La « terreur permanente » de ceux restés au Kosovo**

« New York, Nations unies, de notre correspondante

De retour à New York, mercredi 2 juin, de la mission humanitaire de 11 jours en Yougoslavie qu'avait autorisée Belgrade, le responsable des affaires humanitaires de l'ONU a déclaré avoir relevé, au Kosovo, des preuves "irréfutables" d'une "violence organisée et bien planifiée contre des civils, visant à les déplacer et à les chasser du pays de manière permanente […]". »

Le Monde, 4 juin 1999.

DOCUMENT 2 — **L'ONU salue « la fin d'un chapitre sombre dans l'histoire des Balkans »**

« New York, Nations unies, de notre correspondante

Quatorze voix pour et une abstention – celle de la Chine : le Conseil de sécurité de l'ONU a adopté, le jeudi 10 juin, le plan de paix pour le Kosovo. Le vote est intervenu peu après la confirmation, par écrit, du secrétaire général de l'OTAN, de l'arrêt des bombardements des forces alliées. L'adoption de la résolution 1244 qui autorise le déploiement immédiat d'une force internationale et d'une administration civile pour la province yougoslave a suscité, aux Nations unies, une exaltation sans précédent. Des 185 pays membres de l'ONU, […] la plupart saluent "une journée heureuse pour les Nations unies". »

Le Monde, 12 juin 1999.

DOCUMENT 3 — La Charte des Nations unies

« Préambule

Nous, peuples des Nations unies résolus
– à préserver les générations futures du fléau de la guerre qui deux fois, en l'espace d'une vie humaine, a infligé à l'humanité d'indicibles souffrances,
– à unir nos forces pour maintenir la paix et la sécurité internationales,
avons décidé d'associer nos efforts pour réaliser ces desseins.

Article 1

Les buts des Nations unies sont les suivants :

1. Maintenir la paix et la sécurité internationales et à cette fin : prendre des mesures collectives efficaces en vue de prévenir et d'écarter les menaces à la paix et de réprimer tout acte d'agression ou autre rupture de paix.

2. Développer entre les nations des relations amicales fondées sur le respect du principe de l'égalité de droits des peuples et de leur droit à disposer d'eux-mêmes.

3. Réaliser la coopération internationale en résolvant les problèmes internationaux d'ordre économique, social, intellectuel ou humanitaire, en développant et en encourageant le respect des droits de l'homme et des libertés fondamentales pour tous sans distinction de race, de sexe, de langue ou de religion. »

Conférence de San Francisco, 26 juin 1945.

QUESTIONS

Documents 1 et 3

1. Dans quel pays s'est rendue cette mission de l'ONU ? De quel type de mission s'agit-il ? Lequel des objectifs de la Charte ne semble pas atteint dans ce pays ?

Document 2

2. Qui prend les décisions à l'ONU ? Comment sont-elles prises ? Comment nomme-t-on les décisions prises par l'ONU ?

3. Montrez que la décision prise le 10 juin 1999 est conforme à l'article 1 de la Charte.

Document 3

4. Dans quel contexte international est née l'ONU ?

5. Quel est le premier objectif énoncé dans la Charte ? Comment cet objectif peut-il être atteint ?

PARAGRAPHE ARGUMENTÉ

6. À l'aide des documents et de vos connaissances, rédigez un paragraphe d'une quinzaine de lignes dans lequel vous présenterez l'ONU, en indiquant ses objectifs, son organisation et en donnant quelques exemples de ses interventions.

CORRIGÉS

BREVET — Épreuve d'éducation civique

QUESTION 1

Cette mission de l'ONU s'est rendue en **Yougoslavie**, dans la province du Kosovo. Il s'agit d'une mission humanitaire, qui vise à améliorer le sort des êtres humains.

Au Kosovo, « les droits de l'homme » et « les libertés fondamentales », que l'ONU a pour objectif de développer, **ne semblent pas respectés** ; en effet, le responsable de la mission parle de « violence contre des civils », qui sont « déplacés » et « chassés du pays ».

QUESTION 2

C'est le **Conseil de sécurité** de l'ONU qui prend les décisions ; **elles sont votées** par les 15 membres de ce Conseil. Les décisions sont appelées des **résolutions**.

QUESTION 3

Conformément à la Charte des Nations unies, la résolution du 10 juin 1999 a défini **un plan de paix** pour le Kosovo ; la mesure est **collective**, puisque c'est une force internationale qui doit se déployer dans la province **pour mettre fin à la guerre**.

QUESTION 4

L'Organisation des Nations unies est née à San Francisco le **26 juin 1945**. Depuis la capitulation allemande du 8 mai, la **Seconde Guerre mondiale est achevée en Europe**, mais la Charte des Nations unies est adoptée avant l'utilisation de la bombe atomique à Hiroshima et la capitulation du Japon.

QUESTION 5

Le premier objectif de l'ONU est de « **maintenir la paix et la sécurité internationales** ».

Les mesures prises dans ce but doivent être «collectives». **L'ONU doit «prévoir et écarter les menaces»**, c'est-à-dire préserver la paix et faire obstacle à tout acte contraire qui pourrait la mettre en danger. **L'ONU peut aussi «réprimer»**, c'est-à-dire punir tout acte contraire à la paix.

PARAGRAPHE ARGUMENTÉ 6
L'Organisation des Nations unies

L'ONU est créée en juin 1945, avant même la fin de la Seconde Guerre mondiale. Ses objectifs sont de maintenir la paix et la sécurité internationales, de développer la coopération entre les nations; elle affirme aussi le droit des peuples à disposer d'eux-mêmes et le nécessaire respect des droits de l'homme. Cinquante et un États adoptent la Charte en 1945, ils sont **aujourd'hui 185 pays membres**.

Tous sont représentés à **l'Assemblée générale**, qui siège à New York une fois par an et élit tous les 5 ans son Secrétaire général : c'est depuis 1997 **le Ghanéen Kofi Annan**. Le Conseil de sécurité, constitué de 15 membres, dont 5 permanents, prend les décisions qui doivent être ensuite appliquées ; il peut décider de l'utilisation de la force pour contraindre un État à respecter la paix et peut ainsi décider l'envoi des Casques bleus. L'ONU dispose aussi de **multiples organismes spécialisés** : l'OMS intervient dans le domaine de la santé, le HCR pour le secours aux réfugiés, l'UNICEF pour le secours à l'enfance, l'UNESCO pour la promotion du patrimoine culturel mondial…

Les interventions de l'ONU sont variées. Elle peut agir par **voie diplomatique**, inciter les États à négocier, comme l'Iran et l'Irak en 1988. Elle agit pour tenter de rétablir ou garantir la paix en **interposant les Casques bleus**, aujourd'hui présents au Liban et au Kosovo. L'ONU peut aussi proposer des **moyens de pression économique** : en 1990, un embargo est décidé pour contraindre l'Irak à évacuer le Koweit. Par la Déclaration universelle de 1948, elle a contribué au respect des droits de l'homme. Elle a aussi joué un rôle moteur dans la décolonisation.

Pourtant, **la bipolarisation du monde et l'utilisation du droit de veto des 5 membres permanents ont souvent paralysé son action**. Dans les années 1980, l'éclatement du bloc soviétique a paru libérer ses initiatives, mais c'est **la faiblesse des moyens financiers qui limite ses actions**.

Repères chronologiques et spatiaux

SUJETS

BREVET — Exercices de repérage – Sujet 1 ▶ corrigé p. 278

C'est à **Athènes au temps de son apogée (1)** qu'est née la démocratie. Mais ce n'est que plus de 2 000 ans plus tard qu'un régime démocratique, **la République (2) est apparu en France**. Il restait alors, malgré tout, encore bien des progrès à accomplir : **l'esclavage dans les colonies françaises a été aboli (3)** que plus d'un demi-siècle plus tard et l**es femmes ont attendu encore près d'un siècle et demi pour obtenir le droit de vote (4).**

▶ QUESTIONS

1. Donnez la date des quatre événements évoqués par le texte.

2. Citez le nom du personnage auquel est associée l'apogée d'Athènes.

3. Quel autre progrès de la démocratie a été réalisé en France au même moment que l'abolition de l'esclavage ?

4. Sur la carte page suivante, indiquez :

– avec le numéro 1, l'isthme de Panama ;

– avec le numéro 2, l'Algérie ;

– avec le numéro 3, la mégalopole américaine.

SUJETS
Repères chronologiques et spatiaux

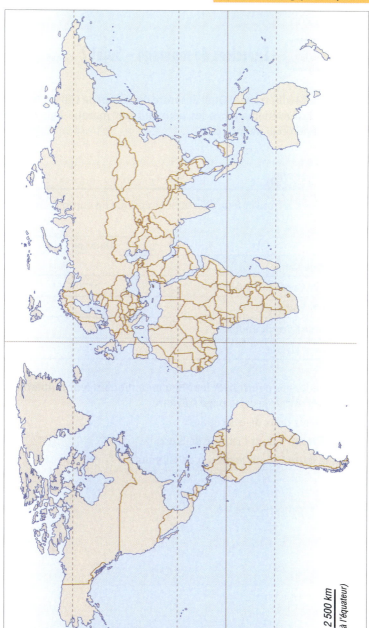

2 500 km (à l'équateur)

BREVET — **Exercices de repérage – Sujet 2** ▸ corrigé p. 279

Tempête en Méditerranée ! Quel désordre du détroit de Gibraltar à l'isthme de Suez !.. Les événements et les lieux qui ont marqué l'histoire de cet espace ont perdu la mémoire…

▶ QUESTIONS

1. Aidez-les à retrouver leur date ou leur époque en complétant le tableau ci-dessous.

	Dates ou époques
1. Traité de Rome	
2. Prise de Grenade (Espagne)	
3. Apogée d'Athènes	
4. Chute de Constantinople	
5. Guerre d'Algérie	

2. Puis, aidez-les à retrouver leur lieu en indiquant leur numéro dans les cercles portés sur la carte page suivante.

3. Complétez deux de ces cercles :
– avec la lettre S pour l'isthme de Suez ;
– avec la lettre G pour le détroit de Gibraltar.

SUJETS
Repères chronologiques et spatiaux

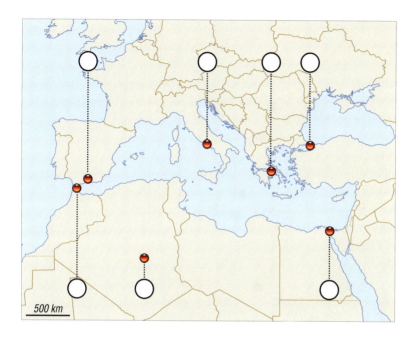

 — **Exercices de repérage – Sujet 3** ▸ corrigé p. 280

QUESTIONS

1. Quel est le nom du traité qui fonde la Communauté économique européenne et en quelle année a-t-il été signé ?

2. Une invention de la seconde moitié du XVIIIe siècle a profondément marqué la vie des hommes : quelle est cette invention et qui en fut l'auteur ?

3. Sur le planisphère page suivante, écrivez près des points correspondants les noms des villes suivantes : Le Caire, Tokyo, Los Angeles, Mumbai (ex. Bombay).

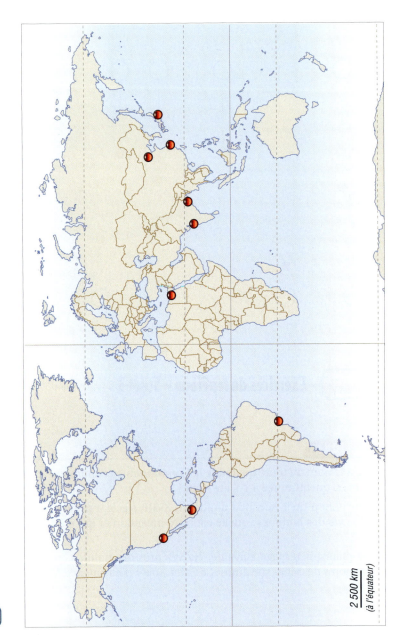

Repères chronologiques et spatiaux

BREVET — Exercices de repérage – Sujet 4 ▸ corrigé p. 282

L'Europe en quelques repères

▶ QUESTIONS

1. Sur la carte ci-dessous, nommez le fleuve représenté, le pays où il prend sa source et la mer dans laquelle il se jette.

2. Deux villes sont localisées sur la carte : définissez-les et datez un repère historique pour chacune d'elles.

3. Quel événement concernant l'État coloré sur la carte déclenche la Deuxième Guerre mondiale ?

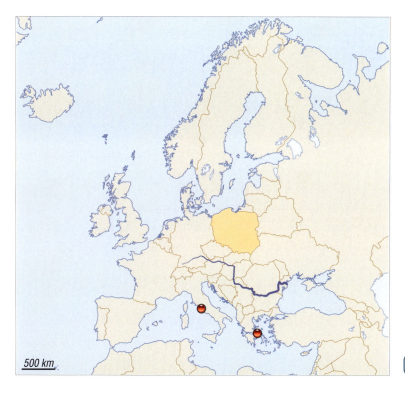

CORRIGÉS

BREVET — **Exercices de repérage – Sujet 1**

QUESTION 1

1. Ve siècle avant J.-C.
2. 1792.
3. 1848.
4. 1944.

QUESTION 2
Périclès.

QUESTION 3
Suffrage universel.

QUESTION 4
Voir carte ci-dessous.

CORRIGÉS
Repères chronologiques et spatiaux

BREVET — Exercices de repérage – Sujet 2

QUESTION 1

	Dates ou époques
1. Traité de Rome	1957
2. Prise de Grenade (Espagne)	1492
3. Apogée d'Athènes	Ve siècle avant J.-C.
4. Chute de Constantinople	1453
5. Guerre d'Algérie	1954-1962

QUESTIONS 2-3

Voir carte ci-dessous.

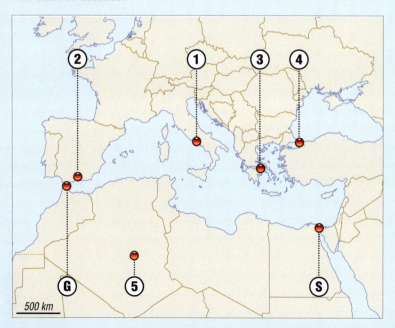

BREVET – Exercices de repérage – Sujet 3

QUESTION 1

Le traité qui fonde la Communauté économique européenne est le traité de Rome et il a été signé en 1957.

QUESTION 2

L'invention qui a profondément marqué la vie des hommes dans la seconde moitié du XVIIIe siècle est la machine à vapeur dont James Watt est l'inventeur.

QUESTION 3

Voir carte page suivante.

CORRIGÉS
Repères chronologiques et spatiaux

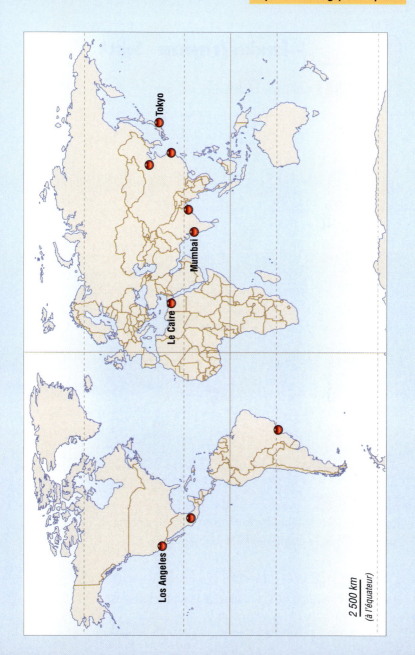

BREVET – Exercices de repérage – Sujet 4

QUESTION 1 Voir carte ci-dessous.

QUESTION 2

Rome : Apogée de l'Empire romain au IIe siècle après J.-C.
Athènes : Apogée d'Athènes au Ve siècle avant J.-C.

QUESTION 3

Il s'agit de l'invasion de la Pologne, le 1er septembre 1939.

Index des définitions

INDEX

A

ACP	186
Agro-industriel	167
ALENA	115
Alternance	205
Amendement	245
Anschluss	54
Antisémitisme	36
Armistice	12
Aryen	45
Autarcie	45
Autocratie	19
Axe Rome-Berlin	54

B

Baby boom	96
Belt	167
Bidonville	105
Blitzkrieg	61
Bolcheviks	19
Brigades internationales	54
Bureautique	146

C

CBD	157
CECA	186
CED	196
CEE	186
Censure	258
CFDT	252
CFTC	252
CGC	252
CGT	36
Charte de l'Atlantique	137
Citadin	105
Citoyen	233
Civisme	233
Cohabitation	205
Collaboration	69
Collège électoral	196
Colonialisme	12
Colonie	12
COMECON	124
Communisme	20
Concile	146
Confucianisme	176
Conseil de sécurité	224
Constitution	239
Conteneur	115
Conurbation	105
Convention collective	36
Croissance	96
Croissance économique	86

D

Décentralisation	205
Décolonisation	137
Décret *Nacht und Nebel*	61
Déficit commercial	167
Délocalisation	167
Démocratie	239
Démocratie libérale	125
Démocratie populaire	125
Désinformation	258
Dévaluation	28
Développement	86
Division internationale du travail	115
DOM-TOM	224

INDEX

Économie capitaliste 20
Entreprise sous-traitante 176
Équilibre de la terreur 125
Espace vital 54
Euro 186

FAO 265
FFI 69
FFL 69
FINUL 265
FLN 137
Flux 115
FN 252
FNSEA 252
FO 252
France libre 69
Francophonie 224
Front du travail 45
FTPF 69

G8 224
GATT 96
Génocide 45
Gestapo 45
Ghetto 61, 157
Gratte-ciel 157
Guérilla 137
Guerre froide 125

Hispanique 157

IDH 86
Impérialisme 12
Inflation 196
Informatique 146
Intégrisme 146
Interface 167
Internet 146
Investissement 167

K

Kolkhoze 20
Komintern 54
Koulak 20
KPD 45

L

Laïcité 239
Libre-échange 28
LICRA 252
Ligne Maginot 61
Ligue 28
Luftwaffe 61

Maastricht (traité de)	233
Majorité absolue	196
Majorité relative	196
Manipulation	258
Maquis	69
Marché noir	61
Marshall	78
Média	258
Mégalopole	105
Mégalopolis	157
Mein Kampf	45
Mencheviks	19
METI	176
Métropole	105
Milice	69
Mondialisation	115
Motion de censure	196
MRAP	252

N

Nationalisme	12
Nœud de communications	115
Non-violence	137
NPIA	86
NSDAP	45

O

OAS	137
OECE	124
OLP	124
OMS	265
ONG	265
ONU	265
Opinion publique	258
OTAN	125, 265

Pacte anti-Komintern	54
Pacte d'acier	54
Pacte de Varsovie	125
Panzer	61
Parlementarisme	196
Partisan	61
Pays émergents	86
PCF	252
PED	86
Perestroïka	125
Phalange	54
PIB	86
Pied-noir	137
Plan quinquennal	20
Planification	20
Plate-forme multimodale	115
Plus-value	20
PMA	86
PME	167
Potsdam	78
Pouvoir exécutif	196
Pouvoir législatif	196
Président du Conseil	196
Presse	258
Productivité	96
Prolétariat	20
Promulguer	246
Propagande	258
Protectionnisme	28
Protectorat	137
PS	252
Puissance	167

INDEX

R

Radicaux	28
RAF	61
RDA	125
Recensement	265
Référendum	205
Régime parlementaire	28
Reichsführer	45
Rendement agricole	215
Réseau	115
Réseau urbain	105
Révolution nationale	69
RFA	125
RMI	205
Robotique	146

S

SA	45
SFIO	28
Shoah	61
SMIG	196
Société de consommation	96
Sous-traitance	167
Soviet	19
Sovkhoze	20
SS	45
Stakhanovisme	20
Stratégie	265
Suffrage universel	196

T

Taux d'accroissement naturel	96
Taux d'urbanisation	105
Technopôle	215
Terre-plein	176
Tertiaire supérieur	215
Tiers-monde	125
Tolérance	239
Trente Glorieuses	96
Troisième révolution industrielle	146
Tsar	19

U

UDF	252
UE	115
UMP	252
UNESCO	265

V à Z

Verts (les)	252
Wehrmacht	61
Xénophobe	205
Yalta	78
Zone euro	186

Achevé d'imprimer par Clerc s.a.s. à Saint-Amand-Montrond - FRANCE
Dépôt légal N° 104915 - Juin 2008.